黒川正剛
Kurokawa Masatake

筑摩選書

魔女・怪物・天変地異

近代的精神はどこから生まれたか

魔女・怪物・天変地異　目次

魔女・怪物・天変地異

近代的精神はどこから生まれたか

はじめに

今から四、五百年前のヨーロッパ世界において、二つの出来事が集中して起こった。時代区分で言うと、中世末から近世にかけてのことである。二つの出来事とは、「魔女狩りの激化」と「驚異の大増殖」のことだ。

この二つの出来事は相互に関連し、絡み合いながら、ヨーロッパの「近代的精神」を生み出していくことになった。言うまでもなく、「魔女」と「驚異」という事象には、古代ギリシア・ローマ時代から連綿と続き、蓄積されてきた膨大な遺産がある。しかし、その遺産で充溢した二つの事象が、「魔女狩りの激化」と「驚異の大増殖」という形で一挙に同時代現象として噴き出したのである。一見、無関係とみなされ、これまでほとんど関連づけて考えられることがなかった、この二つの出来事が織りなすダイナミズムから近代的精神が生まれたのだ。

魔女の実在は、古代ギリシア・ローマ時代以来、中世・近世を通じてヨーロッパの人々に信じられ続けてきた。人々は突然身の上に降りかかる原因不明の害悪や不幸に怯えた。昨日まで元気に遊んでいた我が子の死、毎日家族全員の栄養を恵んでくれていた大切な牝牛の搾乳不能、先ほどまで何も問題なく頑強に動いてくれていた足の不具、季節外れの大嵐による精魂込めて育て上げてきた麦の壊滅――。このような害悪や不幸は、隣近所に何食わぬ顔をして住んでいる魔女の仕業だと考えられた。さらに魔女は、夜に開かれる集会「サバト」で様々なおぞましい行為を行うとみなされていた。悪魔崇拝、悪魔への幼児の供犠、近親相姦、食人等である。悪魔の命令のもと、キリスト教世界の転覆を目論む、忌まわしい魔女どもは何としてもこの世から殲滅《せんめつ》しなければならなかった。

このような魔女撲滅の機運が高まり始めたのは十五世紀の初めのことであり、最高潮に達したのが十六世紀後半から十七世紀前半の時代であった。十八世紀までに約五万人が魔女として処刑されたと言われている。その約八割は女性であった。

魔女狩りが激化した時代は、驚異が大増殖した時代でもあった。

驚異とは、怪物や奇形の誕生、異形の異種族、彗星の飛来・地震・噴火等の天変地異、異境の地の珍奇な動植物等を指す。つまり、驚異という言葉が示す通り、ヨーロッパ人を「驚」かせた、奇「異」で不可思議な事象のことである。また、中世末以降、魔女が関わる魔術と驚異は癒着現象を起こしており、内容的にも連続するものであったことに留意しておきたい。

古代ギリシア・ローマ時代以来、プリニウスの『博物誌』に典型的に見られるように豊饒な内容を持つ驚異は、中世にいたってさらに内容を充実させていった。驚異増殖の第一波が訪れるのが、中世盛期の十二、十三世紀のことである。その後、中世末から近世にかけて驚異増殖の第二波が到来する。それはまさに大増殖であった。その背景には、世界の終末が近いとの黙示録的な風潮の瀰漫《びまん》、宗教改革の勃発によるキリスト教世界の断裂と混乱、そして何よりも十五世紀末から始まった大航海時代の幕開けがあった。アメリカ「新大陸」、アフリカ大陸やアジアからもたらされた真偽入り混じる膨大な情報の洪水は、ヨーロッパ人の世界認識と「知のあり方」に多大なる衝撃と影響を与えた。知らなかったモノやコト、珍しい物品を「見たい、知りたい、手に入れたい」という欲望が人々を突き動かし、世の万物を分類し整序するというヨーロッパ人の近代的学知のあり方を形成することになったのである。この欲望を焚きつけるものこそ、「好奇心」（英語 **curiosity**、フランス語 **curiosité**、ラテン語 **curiositas**）にほかならない。

中世末から近世にかけてのヨーロッパを前代未聞の規模で襲った魔女の跳梁跋扈と驚異の大増殖を前にして、〈異《い》なるもの〉に対する人々の興味関心はまさに爆発し、それを下支えする好奇心の問題に人々の眼は釘づけになった。魔女と驚異——すなわち怪物や天変地異——が織りなす言説空間に、好奇心の問題がどのように関わり、そしてどこから近代的精神が生まれたのか。本書は、この問題を独自の視点から明らかにしようとするものである。

ところで、本書で論じていく近代的精神と好奇心の関連性は、現代日本に暮らしている私たちにとっても無関係ではない。そのことを確認するため、現代日本の研究や教育に関わる資料を少しだけ見ておくことにしよう。

たとえば、文部科学省の『平成二十五年版　科学技術白書』には次のようなくだりがある。

研究者の知的好奇心や探求心に根ざし、その自発性、独創性に基づいて行われる基礎研究は、人類共通の知的資産の創造や重厚な知の蓄積の形成につながるものである。政府は、このような独創的で多様な研究を広範かつ継続的に推進するための取組を強化している」［傍点筆者、以下同様］。

これは国が進める「独創的で多様な基礎研究の強化」について述べている箇所の冒頭の部分だ。同じく文科省の「科学技術基本計画」（平成十八年度から二十二年度）の「科学技術基本計画について［別紙］」にはこうある。

理科や数学が好きな子どもの裾野を広げ、知的好奇心に溢れた子どもを育成するには、初等中等教育段階から子どもが科学技術に親しみ、学ぶ環境が形成される必要がある。

これは「次代の科学技術を担う人材の裾野の拡大」の箇所の「知的好奇心に溢れた子どもの育

成」で述べられていることだ。科学を発展させる起爆剤として、また子どもの教育にとって極めて好ましいものとして好奇心が賞賛されていることを感じ取ることができよう。

しかし興味深いのは、一方で次のような言葉も述べられていることだ。文科省の「学術の基本問題に関する特別委員会（第六回）配付資料」（平成二十一年）の「学術研究の意義」の部分には委員からの意見として次のような言葉が記されている。

「好奇心」という言葉で学術を説明すると、個人の趣味と受け止められてしまうので、もう少し違う言葉で説明することが必要ではないか。

「好奇心」とだけ言うのではなく、「新しい研究の振興」と言った方がいいのではないか。

「好奇心」と説明すると趣味としか思われない。

好奇心という言葉に対してかなり批判的な意見である。

本書を読み進める中で、このような現代における好奇心観のあり方が本書のテーマと深く関わっていることにお気づきになるだろう。

私たち自身、日々、好奇心に突き動かされている。

本書で扱う内容に直接関わる、非常に興味深い現代のあるニュース記事にふれて本題に入ることにしよう。

頭は鳥、体は魚!? 釣り針にかかった奇妙な生き物の正体は……

これは二〇一八年六月十五日に公開された『ニューズウィーク日本版』のインターネット記事の見出しである（https://www.newsweekjapan.jp/stories/world/2018/06/post-10387.php）。記事の内容は次の通りだ。

中国南西部貴州省の川で釣りに興じていたある男性は、目を疑った。まさか自分の釣り針に、鳥のような頭部を持った魚がかかるとは予想しなかった。

水面から姿を現したのは淡水魚のはずだが、頭部はどう見ても鳥やイルカに似ていると、英ザ・サン紙は伝えている。一体、正体は何なのか。（……）

くちばしのような口部と小さな翼にさえ見えるヒレ。見ようによってはイルカやペンギンの様相さえある。

まさしくこれは、西洋の中・近世の「怪物」そのものだ。サイトに添えられている写真に写っている生き物は、本書で論じることになる怪物たちとよく似ている。

この怪物をどう理解したらよいのだろうか。

記事によると、地元紙の『貴州都市報』は、「この生き物が鯉で間違いないと特定」した。一方、ニュースサイト『ライブ・サイエンス』は、イギリスのリバプール大学の動物生理学者の見解を紹介し、「奇形の淡水魚」説を主張しているという。

私がこの記事にアクセスしたのは公開翌日の十六日だが、その時点で「いいね！」が一二九件、「ツイート」が二七六件あった。記事の言葉を借りれば、「奇妙な生き物をめぐる論争」に人々は興味・関心を掻き立てられているのだ。

これこそ好奇心の発露である。

本書で引用した文献について、翻訳のあるものについては参照させていただいたが、本書全体の文脈を考えて、若干表記を変えた箇所があることをお断りしておきたい。翻訳者の方には心より御礼申し上げる。引用文中においてラテン語等の原語が挿入されている箇所があるが、これは筆者が補足・加筆したものである。また、（　）と〔　〕については、引用史料自体に付されているものであり、［　］は筆者が補足・説明のために挿入したものである。聖書からの引用は、日本聖書協会の新共同訳を使用した。

なお、使用している用語によっては差別を喚起するおそれのあるものがあるかもしれないが、当然ながらそのような意図はなく、本書が対象としているテーマの時代性・地域性等を考えて使用しているものであることを断っておきたい。この点、ご理解いただきたい。

第一章
近世以前の驚異と好奇心

「マンティコラ」エドワード・トプセル著『四足獣の歴史』(1658年)より

天変地異と奇形の誕生

中世ヨーロッパの人々は、日々の生活のなかで遭遇した天変地異や奇形の誕生についてどのように考えていたのだろうか。まず、いくつか具体的な「証言」を見てみよう。もちろん、証言といっても中世ヨーロッパのことであり、鵜呑みにすることはできない。その信憑性には十二分に注意を払う必要がある。重要なのは、その証言に込められた意味とその証言を生み出した社会的・文化的・宗教的な背景を探っていくことだ。

この年［七九三年］、ここノーサンブリアに不吉な前兆が現れ、人々を脅えあがらせた。巨大な竜巻が巻き起こり、稲妻が閃光を発し、天空には燃え立つようなドラゴンが飛翔しているのが目撃されたのである。これらの兆しの直後、大規模な飢饉が起こった。同じ年のそのすぐあと、六月八日、異教徒の男どもがリンディスファーン島の神の教会を無残に破壊した。略奪と殺人も行われた。

これは『アングロ・サクソン年代記』に記されているものだ。この年代記は九世紀末、イングランドのアングロ・サクソン時代最大の王とされるアルフレッド大王の時代に編纂が開始されたもので、中世イングランドを知るための最も重要な史料である。七九三年六月八日に教会を破壊した異教徒とは、ヴァイキングのことだ。破壊されたリンディスファーン修道院は、イングランド北部のノーサンブリア沖のリンディスファーン島（現ホーリー島）にあったイギリス最古の修道院の一つであり、ここを中心としてアングロ・サクソン七王国の一つ、ノーサンブリア王国のキリスト教改宗が進められた。

あろうことか、神の威光を背負うはずのこの教会が異教徒により蹂躙されたのである。しかし、これには「前兆」があったという。巨大竜巻、鋭い光を発する稲妻、ドラゴンの飛翔――。これらの「天変地異」があらかじめ起こり、そのあと大飢饉が、つづいて異教徒による教会の蹂躙が起こったのである。天空に出現した、燃え立つようなドラゴンという表現は奇妙だが、文字通りの幻獣ドラゴンなのか、あるいは彗星なのか、いずれにせよ中世の人々の想像界を垣間見させてくれる言葉である。

次の証言――。

一人の男が月の形をした球体がラン［フランス北部、パリ北東の都市］に落下するのを見た。それは反乱が都市で勃発することを意味した。

こう書き記しているのは、十二世紀フランスのベネディクト会修道士ノジャンのギベールである。反乱とは、一一一六年にランの都市民が自治を求めて司教と国王に対して起こした反乱（コミューン運動）のことで、ギベールは球体の落下をこの事件の前兆とみなしている。この落下物は何であろうか。隕石であろうか。

前兆は天変地異に限られるわけではない。ギベールはつづけてこう述べている。

さらに私はサン・ヴァンサンの修道士たちから、悪霊たちが騒ぎ立てる音（彼らはそう思ったのである）が聞こえるという話を聞いた。また炎が都市の夜空に出現した。数日前のことだが、尻のあたりまで対《つい》になっている赤ん坊が産まれた。すなわちその男子には二つの頭と二つの身体が腰のあたりまであり、それぞれに両腕がついていた。上半身は二体で下半身が一体なのだ。男子は洗礼を受けたあと、三日間生存した。要するに、来るべき甚大なる災厄を前もって知らせる多くの前兆が起こるのが目撃されたのである。

奇形の誕生もまがうかたなき前兆、それも「来るべき甚大なる災厄」という言葉が示すように「凶兆」であった。中世において、このように天変地異や奇形の誕生を前兆、一般的には凶兆を示すものとみなす心性が普通であった。

もう一つ証言を見てみよう。十四世紀前半のフィレンツェの年代記作家・商人ジョヴァンニ・ヴィッラーニは『年代記』のなかで、一三一七年の出来事として次のように述べている。

前記の年の一月、〔……〕テッライオ・ディ・ヴァルダルノ・ディ・ソプラに二つの身体をもつ男子が産まれた。その子はフィレンツェに連れてこられ二十日間以上生存した。その後、フィレンツェのサンタ・マリア・デッラ・スカラの救貧院で最初に一人目、次いで二人目が死んだ。その子を驚異として（per maraviglia）、生きたまま当時のプリオーリ〔共和国政府の高官〕たちのもとへ連れてくることが提案されたとき、彼らは宮殿にその子を入れることを拒んだ。なぜなら古代の人々によれば、そのような怪物は産まれた場所に将来起こる害悪を意味するものであったため、恐れ怪しんだからである。〔傍点引用者、以下同様〕

それから二十五年後、初期ルネサンスを代表するイタリアの詩人・人文主義者ペトラルカがこの出来事について回想している。「フィレンツェの友人たちが、フランス滞在中の私たちのもとに一枚の絵を送ってくれた。大勢の人々がそれを見にやって来た。父が持っていたその絵を見たのは私が七歳のときだった。それは何なの？　と私が尋ねると、父は私にそれを見せながら語りかけ、よく記憶しておいて、私の息子たちに（父はそのときそう述べた）その話を伝えなさいと言ったのである。だから私はその話を本当に甥に話した」。

一三〇四年生れのペトラルカが七歳のときといえば一三一一年である。したがって奇形誕生の六年前ということになり時期的に合わないが、これはペトラルカの年齢の記憶違いであろう。いずれにせよ、彼が少年のとき絵で見た奇形のイメージは中年の彼の脳裏に焼きついたままだったのだ。実際それを裏書きするように、この双生児の奇形の誕生は当時の人々にきわめて重要なものと考えられたため、その姿をかたどった浅浮き彫りの彫刻が、双生児が息を引き取った救貧院近くに記念のために作られた。

中世に著された年代記を始めとする史料には、太陽や月の食、身体が結合した奇形の双生児の誕生、季節外れの雷雨などの記述に満ち溢れている。それらはしばしば、要人の暗殺、伝染病の流行、飢饉、火災、戦争などの災厄の前触れとみなされていた。そしてそれらの奇妙で不可思議な出来事は、先のヴィッラーニの言葉にあったように「驚異」とみなされていたのである。

ヴィッラーニによれば、驚異を凶兆とみなす考え方は「古代の人々」に由来する。凶兆に限らず、驚異を何らかの出来事の前兆とみなす伝統は古代ローマの雄弁家・政治家・哲学者として名高いキケロ（前一〇六—前四三）にさかのぼる。

本章の目的は二つある。一つは古代ギリシア・ローマ時代および中世初期の驚異解釈を整理することだ。なぜなら、続く中世中期から近世にかけての驚異に対する考え方は、それ以前に生み出された解釈に多大な影響を受けているからだ。なかでも筆頭に挙げられるのは、キケロのほか、アリストテレス、プリニウス（大）、アウグスティヌスである。中世盛期の十二、十三世紀に驚異が増殖したことは夙《つと》に知られている。この時期の驚異の諸相については、日本語で読める研究がいくつかあるのでそちらにゆずることにし、ここでは簡単にふれるにとどめたい。二つめの目的は、古代・中世における「好奇心」に関する考え方を検討することだ。それは、第二章以降で論じることになる「近世以降の驚異と好奇心との関連性」をひもとく準備作業となるだろう。
ではまず、驚異に関する解釈を順にみていくことにしよう。

「前兆としての驚異」説の祖キケロ

キケロは、実の兄弟の名であるクィントゥスと自分の名であるマルクスという二人の登場人物のあいだで交わされる対話形式で書かれた『卜占《ぼくせん》について』のなかで、神々と人間が取り結ぶ関係、およびその関係のもとで神々が人間に教示する前兆について述べている。卜占に賛成する立場のクィントゥスは、次のように述べる。

神々が御自身の意志や計画をご存じないということは真実ではありません。私たちにとって、来るべきことが何かを知ることが利益にならないということも真実ではありません。なぜなら、私たちがそれを知ればより思慮深くなるからです。神々が、前兆を示すことがその威厳と矛盾するとお考えになるということも真実ではありません。なぜなら、親切にまさる優れた美点はないからです。神々に未来を知る力はないというのも真実ではありません。したがって神々は存在しますが、未来に起こることの兆しを私たちに示すことはないというのは真実ではありません。もし神々が兆しを示してくれるなら、それを解釈する方法を教えてくれないということも真実ではありません。——さもなければ、兆しは無益なものとなってしまうでしょう。神々が私たちに方法を教えてくださるとすれば、卜占が存在しないということはありえません。ですから卜占は存在するのです。

こうした卜占観に対してマルクス、つまりキケロはこう答える。「あなたの言葉に答えなければなりませんが、それはきわめて疑わしく信じがたいものです。だから確言せず、すべて疑うようなやり方で答えましょう」。一応、反論の形になっているものの、この対話から著者キケロの立場を明確に知ることは難しい。賛成・反対いずれにも解釈できるからだ。さらに判断を難しくさせたのはストア派哲学の立場からクィントゥスが卜占擁護を主張するのに対して、マルクスは卜占を信じなかったストア派哲学者パナエティウスを引き合いに出していることである。どちらの立場に立つかは読者の自由に委ねられているのだ。こういうわけで、『卜占について』は後世の著作家たちが前兆と驚異の関係について考える際の重要な「参照枠」として機能することになった。

キケロはクィントゥスの口を借りて、卜占とは、「予言、また偶然に起こったとみなされる出来事を前もって知ること」であると定義づける。そして卜占には自然的なものと人為的なものがあるとする。前者は人間の積極的な介入なしに現れる夢や神託によるもの、後者は生贄の内臓（動物の内臓の状態で吉凶を占う腸卜のこと）、雷、前兆に何らかの徴《しるし》を読み取るもので、人間による認識・解釈を必要とする。

さらにキケロは卜占が迷信と決めつけられるのを回避するため、人為的な卜占は神の介入と結びつけられる必要はないと述べる。「初めから、世界というのは特定の事柄にはそれに応じた特定の徴が先に起こるように造られている。生贄の内臓、鳥の活動［鳥の飛び方で吉凶を占う鳥卜のこと］、雷、驚異、星辰、夢、狂人の言葉に見られるように」。このようなキケロの「驚異＝前兆」観は、多様な解釈の可能性を孕みつつ、中・近世社会に受け継がれていくことになった。

ここで驚異を前兆とみなした中世の例をいくつか見てみよう。

カール大帝の宮廷に仕え厚い信頼を受けていたアインハルトの『カール大帝伝』によると、八一四年にカール大帝が死去する数年前から様々な不吉な現象が起こっていた。たとえば、「生涯の終わる前の三年間はずっと、太陽と月が頻繁に蝕《か》けた。太陽の中に黒色の斑点が七日間にわたって見られた」。またカール大帝がサクソニアに最後の遠征をしていたとき、「ある日、太陽の昇る前に陣営を出て進軍をし始めたとき、突然、天から巨大な光を放つ流星が落ちて」きて、大帝が驚いた馬から地面に投げ出されるということも起こった。さらに、アクアスグラニの宮殿が度々震動した。大帝が「起居していた館の天井の鏡板が、しきりにみしみしと音をたて」、「後年埋葬された大聖堂に、雷が落ちる」ということも起こったという。

このような例もある。クレモナ司教で神聖ローマ帝国皇帝オットー一世の特使としてビザンツ帝国宮廷に赴いたこともあるリウトプランドが著作『贖罪』のなかで述べるには、九二五年頃、彗星が出現し、そのあと飢饉が起こった。

以上の例は凶兆としての天変地異だが、「よい兆し」とみなす例も見られる。作者不詳『ハインリヒ五世に献呈されし諸皇帝の年代記』によると、一一〇一年、都市の形状をした火炎のような雲が空を西から東へと移動するのが目撃された。そして小さな昆虫の大群が四日間ザクセン地方の上空をバイエルンの方向に飛んで行った。その後まもなくして戦闘で勝利を収めたという。また同書によると、一一一八年、キリストの復活を記念する祝祭日である復活祭の朝、たくさんの宝石が散りばめられた巨大な十字架が天空に出現したという。

ヨーロッパ中世の人々が以上のような不可思議な光景を「現実に見たのかどうか」を現代に生きる私たちが判定することは困難であるし、また無意味であろう。実際に私たちはその時と場所に居合わせたわけではない。現代の高みから中世の人々が何かを見間違えたのではないかと疑問を呈したり、現象の真偽を判定したりすることよりも重要なのは、そのような光景を見たと信じ、それを何らかの「前兆」として解釈しようとしていた当時の人々の心性であり世界観である。

キケロが生きていたキリスト教誕生以前の古代ローマの時代とキリスト教誕生以降の時代の「前兆としての驚異」観には大きな違いが見られる。中世キリスト教社会においては、ノジャンのギベールやヴィッラーニが述べていたように、奇形の誕生や天変地異などの驚異は「凶兆」として理解されることが多くなる。これらの驚異の出現は「神の怒り」や「神の警告」を意味するものとして受け取られるようになるのだ。無論、この神は古代ローマ世界の多神教の神（神々）ではなく、キリスト教の一神教の神である。

アリストテレスの驚異観

古代ギリシアの哲学者アリストテレス（前三八四―前三二二）が哲学のみならず論理学、政治学、生物学など多方面の学問に膨大な業績を残したことは周知のことだが、その広範な関心のなかに驚異や奇形の問題も含まれている。

驚異については、存在の根本原理を扱った『形而上学』（第一巻第一・二章）のなかで次のように述べられている。「我々の求めているもの（知恵《ソフィア》）の名前」が与えられる学とは、「第一の原理や原因を研究する理論的な学」でなければならない。そしてこの学、すなわち哲学の誕生に重要な役割を果たしているものこそ「驚異」であった（「驚異することによって人間は、（……）知恵を愛求し《フィロソフエイン》（哲学し）始めた」）。

哲学的思考は段階をおって深化する。「その初めには、ごく身近で不思議な事柄に驚異の念をいだき、それからしだいに少しずつ進んで遥かに大きな事象についても疑念を抱くようになったのである」。ここでアリストテレスが「遥かに大きな事象」として挙げているのは、「月の受ける諸相」「太陽や星の諸態」「全宇宙の生成」である。

中・近世ヨーロッパの学問界に甚大な影響を与えたアリストテレスが「知」の根源に驚異を位置づけていることは、ヨーロッパ人の知に対する認識のあり方を考える上で重要である。ヨーロッパ人は時代を通じて、不思議な、また未知の事柄に対峙するたびに驚異の念を抱き、それをただ眺めるのではなく解釈して自己の知の体系に取り込んできたからだ。ヨーロッパにおける「驚異の歴史」は、ヨーロッパの「知の歴史」でもある。このことについては、『弁論術』第一巻第十一章の記述にも注目しておかねばならない。

学ぶことや驚異の念をおぼえることはたいていの場合快いことである。なぜなら驚異のうちには学ぼうとする欲望がある、したがって驚異されるものは欲望されるものであるし、そして学ぶことのうちには本性に一致した状態の回復があるからである。

ここで述べられているのは、人間の本性は知性にあり、学ぶことによって人間は人間として完成されるということ、そして驚異が「知性＝人間の本性」と深い関係にあるということである。『詩学』もまた後世の驚異観に影響を与えた。詩学とは詩の本質、形式、創作技法などに関する理論的考察を旨とする学問だが、十六世紀後半に再発見された『詩学』は、当時すでに知られていた紀元前一世紀のローマの詩人ホラティウスの『詩論』とならんで近世以降の詩学の権威となった。アリストテレスが「詩学の目的は驚異の解明」だと明言しているわけではない。しかし「詩学と驚異の美学」との関係について示唆しているとは言えるだろう。『詩学』第二十四章でアリストテレスは次のように述べている。

叙事詩が悲劇と異なる第三の点は、驚きについてである。ともかく、悲劇においては何らかの日常性の域を脱した驚くべきことを詩的に案出して作り出すことが必要である。しかし叙事詩の方が、かかる驚異を生むのに最も影響力の大きいところの、あの非合理的なものを受け入れやすい。その理由は、叙事詩の場合は悲劇と異なって、行為主体を直接目にするということがないからにちがいない。

一般的に叙事詩は歴史的事件や英雄の事績を客観的・説明的に韻文で述べるものであるため、驚異は悲劇よりも叙事詩でいっそう力を発揮する。そしてアリストテレスはこう続ける。「叙事詩では、いっそう都合よく再現できるという、この驚くべきこと、驚異とは、またそのまま快すなわち喜びの効果である」。驚異は「快と喜び」に関連づけられるのだ。

奇形の誕生に関しては、生理学・医学的な視点から論じられているが、その議論は倫理学的な解釈と抱き合わせにして理解されるべきものだ。卜占としての理解は排除されている。アリストテレスは「正常であること」に至上の価値を置き、「中庸」を重んじた。「過剰と欠如は悪徳の特徴であり、中庸は美徳のしるしである」〔『ニコマコス倫理学』第二巻第六章〕。この論でいけば、身体の一部欠如や過剰を特色とする奇形の誕生は悪徳と結びつけられることになろう。しかし、アリストテレスにとって奇形は相対的なものでありえた。なぜなら、人間のあいだには誰一人として同一の姿形をした者はおらず、親子のあいだについてさえ同様のことが言えるとすれば、すべての人間が「正常」から逸脱していることになるからだ。正常と異常の区別は困難なもの、怪物の「怪物性」は相対的なものとなる。

『動物発生論』第四巻第三章のなかでアリストテレスは次のように述べている。

ある者は同族の誰にも似ないけれども、少なくともある人間には似ており、ある者は外観が人間にさえ似ず、もはや怪物に近い。というのも、両親に似ない子もすでにある意味では怪物であるから。なぜなら、この場合には自然はある意味において類型からはみ出してしまっているのである。〔このことの〕そもそもの始まりは〔生まれた子が〕雄にならずに雌になるということである。しかし、これは一面においては、自然による必然性なのである。〔……〕しかるに怪物は目的、すなわち終局という原因に関して必然的なのではなくて、〔とにかくその起始がそこにあると解しなければならないのであるから〕随伴的に必然的なのである。

ここでアリストテレスが厳密な意味で言及している怪物は奇形のことである（「彼らは多くの足や頭をもって産まれる」）。そしてその原因は精液と関連づけられていた。その説明の仕方は本書で後ほど詳しくふれることになる十六世紀のアンブロワーズ・パレにも見られるもので、アリストテレスの後世への影響がいかに大きなものであったかを教えてくれる。

アリストテレスはこう述べている。「デモクリトスは『奇形は二つの生殖液が、一方は先に出発し、もう一方はあとで出発して落ち合うことによって起こり、後者は子宮の中へ入って前者を補うので諸部分は癒着し、入り乱れる』と言った」(『動物発生論』第四巻第四章)。「奇形児が産まれるのは、精液が射出される際に、あるいは雌の子宮内で混じり合う際に、とにかく精子が互いに入り込んで混乱することが原因である」(『問題集』第十巻(61))。

アリストテレスは怪物・奇形が自然の秩序から外れて存在するとは考えなかった。アリストテレスによれば、「およそ自然的であり自然に依っているものどもは何ひとつとして、無秩序ではありえない。なぜなら、自然はすべてのものにとって秩序の原因であるから」(『自然学』第八巻第一章)。そして怪物・奇形は、確かに「自然に反する事物に属するもの」と言えるが、「『自然に反する』といってもすべての場合にというのではなくて、大ていの場合にそうなのである。なぜなら、常にあり〔永遠であり〕必然的であるような自然に関しては何ごとも自然に反して起こることはない」からである(『動物発生論』第四巻第四章)。

ここで注意しておきたいのは、アリストテレスが「羊か牛の頭を持った人間の子」のような異種混合《ハイブリッド》の怪物の存在は認めなかったことである。人間、羊、犬、牛の妊娠期間は非常に異なる。それぞれの生き物は「固有の期間を経なければ形成されえない」(『動物発生論』第四巻第三章)。この見解は約二千年後のパレよりもよほど「進歩的」である。なぜならパレは、ハイブリッドの怪物の実在を信じていたからだ。

プリニウスにとっての自然と驚異

古代ローマの学者・軍人ガイウス・プリニウス・セクンドゥス（二三頃―七九）が著した『博物誌』は、地理、民族、動植物、鉱物、造形美術など多様な分野を網羅する百科全書的書物である。暴君ネロ帝の没後の混乱を収拾し、帝国の秩序を再建、その繁栄を回復したことで知られるウェスパシアヌス帝への献辞も兼ねた序文のなかで、プリニウスは謙遜気味に次のように述べている。

わたくしの扱う分野は無味乾燥なもの、つまり自然の世界であり、いわば生命に関するものであります。最も高揚性の少ない分野であること、粗野な言辞や外国人や野蛮人の言葉を使用したことによって、実際わたくしは、陳謝をもってこの話を始めなければなりません。

そしてこの引用箇所のしばらくあとで、『博物誌』の題材について述べている。

約二千巻を通読しましたところ、その内容がひどく難解であるために、このうちのごく僅かしか学者たちに利用されていませんでした。わたくしどもは三十六巻のなかに、わたくしどもが選抜した百人の著者から得た二万の価値ある題材を集めました。これに加うる他のおびただしい数の題材は、わたくしどもの先人に無視されたり、その後の経験によって発見されたものであります。また、わたくしどもの目からもれたものも、数多くあることを疑いはいたしません。と申しますのも、わたくしもやはり人間にすぎず、その上職務に追われており、この種の仕事への従事は余暇を借りてしか、つまり夜しかないからであります。

プリニウスは様々な国や地方の情報を記載した元老院文書を見られる立場にあったので、アフリカについてかなり正確な知識をもっていたと言われる。また文献調査だけでなく、皇帝代官として現在のフランス、ドイツ、スペイン、シリア等に赴いたこともあったので、実体験にもとづいて記述をさらに充実させることができたと考えられる。

プリニウスにとって、驚異は自然の豊饒さの証《あかし》であった。昆虫について論じている第十一巻第一節には次のような記述がある。

われわれは櫓《やぐら》をのせて運ぶ象の肩、雄牛の首とその凶暴な突き上げ、虎の強欲、獅子のたてがみなどに驚嘆する。ところが実際は自然はそのもっとも小さな創造物において自己の完全な姿を表現しているのだ。したがってわたしは読者諸君に、これら多くの生物に対する諸君の侮蔑が諸君を導いて、わたしが彼らについて述べることをまで呪い軽蔑させるようなことのないようにお願いする。自然の観照においてはどんなものでも余計なものだなどと考えてはならないからだ。

このようなプリニウスの自然観のもとで驚異はどのように捉えられているのだろうか。まずは天変地異に関係する記述を見ていくことにしよう。それらの内容は約千五百年後の近世の驚異関係文献に記されている内容と酷似している。プリニウスの影響の大きさを示す証左である。宇宙、気象、地球を対象にしている第二巻からいくつか具体例を取り上げてみたい。

プリニウスと天変地異

たとえば「天空そのものの中で突然生ずる星」である彗星は数種類存在し、「ギリシア人はそれらを彗星と呼んでいるが、わが国のことばでは『長髪の星』と呼ぶ。それは、それらがその上部にもじゃもじゃの髪のように見える血のように赤い放射をもっているから」だ。

また彗星の出現は「前兆」として認識されていた。たとえば「投槍星」は「投槍のように振動する。これらはきわめて恐ろしい凶兆なのだ」。また西の空に「いつも威嚇的で、容易に消滅しない」彗星が出現する場合があるが、実際に次のような出来事が起こった。たとえば前四九、前四八年に行われたポンペイウスとカエサルの戦い、そして五四年のクラウディウス帝の毒殺である。皇帝妃アグリッピナが実子ネロの即位を切望して皇帝毒殺を企んだのだった。こういうわけで、その彗星は「ネロの統治の間、ほとんどたえず、そして恐ろしくぎらぎらと輝いていた」。

彗星の出現、動き、形状に当時の人々が関心を抱き、吉兆・凶兆を問わず、それに何らかの出来事が起こる「前兆」を認めていたことは次の言葉からもうかがい知ることができる。

もしそれが一対の笛に似ているのなら、それは音楽芸術にとっての凶兆、それが星座の目だたないところにあれば不道徳の凶兆、もしそれがある恒星の位置に対して等辺三角あるいは直角四辺形をなしておれば天才人の出現と学問復興の兆し、大熊星と小熊星の間、または蛇座の手の中にあれば、毒殺を引き起こすと考える。

「落下するときにのみ見られる流星」についても述べられている。流星の形状としてはランパス（松明《たいまつ》）やボリデス（火球）が代表的なものだが、トラベス（梁《はり》）の形状で出現したときには凶兆を意味した。なぜならこれは「スパルタ人が海で敗北してギリシアの制海権を失ったときに現れた」からだ。この戦いはクニドスの海戦を意味しており、コリントス、アテナイ、テーバイ、アルゴス等中部ギリシアの諸ポリスとスパルタが戦ったコリントス戦争の一幕を飾るものである。また「血のように見えるもの」「地上へ落下する火」が現れることがあり、これらは「人類にとって最大の不安と恐怖をかきたて」るものだ。これは前三四九年にマケドニア王「フィリッポス王がギリシアを動乱に投げ込んだときに起こった」。フィリッポス王はアレクサンドロス大王の父親で、ギリシア全土を支配下においた人物である。

プリニウスはさらに様々な例を取り上げている。「星があちらこちらへ飛ぶように見える」場合、「これは間違いなくその方角から大暴風が起こる凶兆である」。一方、雷電が起こる天空上の方向によって吉兆を占う卜占については、「これらのことがらに気をとられるのはひどくばからしいことだ」と述べ、いたって冷静である。しかしそのしばらくあとで、空から「ミルクと血」「肉」「鉄の雨」「羊毛」「焼き煉瓦」が降ってきたという事例を列挙する。前四六一年に天から降ってきた肉のうちで、猛禽類に略奪されなかった肉は「いずれも腐ることはなかった」。前五四年にルカニアで降った鉄の形はスポンジに似ていたが、「この前兆は天上からの傷を予言するものであった」。案の定、翌年、カエサル、ポンペイウスとともに第一次三頭政治を結んだクラッススがパルティア遠征時に殺害された。前四九年に羊毛が降った一年後にポンペイウス派に属し、カエサル派と抗争した政治家ティトゥス・アンニウス・ミロが殺された。焼き煉瓦が降ったのは、「ミロが法廷である事件の弁護をしているあいだ」のことであった。

彗星や流星に代表されるような、いわば「天空の驚異」に対するプリニウスの考え方は「自然の力」を重視するものであった。したがって、キケロのところで述べたように驚異が凶兆と解される場合であっても、その背後に神（神々）の意志を見ることは難しい。プリニウスは、先にふれたマケドニア王フィリッポスのギリシア征服の前兆として起こった「天空の驚異」の箇所に続けて次のように述べている。

わたし自身の考えでは、こういう出来事は、他のすべての出来事同様、自然の力によって、ある定まった日時に起こるのであって、多くの人々が考えているように、人間の理知のさかしらが考え出したもろもろの原因にもとづくものではない。それらがひどい不幸の先触れであったことはほんとうだが、わたしは、これらの不幸は不思議な星が出現したために起こったのではなく、不幸が起ころうとしたが故に現れたのだ、と思う。ただそういうことはめったに起こらないので、その理由が隠されるのだ。

何らかの驚異を不幸な出来事の凶兆とみなす考え方も、プリニウスの場合、前景化しているわけではない。相対化とまでは言えないとしても、「自然の力」を重視することで「驚異＝凶兆説」は存在感を薄められていると言ってよいかもしれない。

地震についての記述もある。「人類の記憶にある最大の地震はティベリウス・カエサル〔在位一四―三七〕が皇帝であったときに起こった」。この地震によって、一夜にしてアジアの十二の都市が壊滅した。そして「衝撃が次々と最も多く起こったのはポエニ戦争中」のことであり、「そのとき〔前二一七年〕たった一年間に五十七回の報告がローマに届いた」。このように「歴史的事実」を挙げたあと、こう続ける。「またこの災害は単純な災害ではないし、危険は地震そのものにあるだけでなく、それと同じくらい、あるいはそれ以上に、それが凶兆であるという事実にある。ローマ市に地震があったときは必ず、それが起ころうとしている何かの予告であった」。このように地震という、いわば「大地の驚異」に関する「驚異＝凶兆説」を力説しながらもプリニウスが地震の原因として述べているのは、「自然の力の現れとしての驚異」である。

わたしは地震の原因は疑いもなく風に帰せられると思う。そういうのは、地面の振動は風が凪いでおり、空がまったく静かで、鳥どもが彼らを運ぶ空気の動きがすっかり止んでしまったため、舞い上がることができないときに限って起こるから。

風が凪いだとき、風は「地脈のなかに閉じ込められ、空の虚《うつ》ろを隠している」。地震と雷鳴は同じもので、「亀裂は閉じ込められた気流が自由に飛び出そうともがきあがくことによって、電光を爆発させるのと異ならない」のだ。

プリニウスにとって重要なこと、それは自然の途方もない豊饒性を記録することであった。したがって人類の多様性もまた自然の豊饒性を示すものとして書き留められるべきものであった。

異形の種族と奇妙な習慣

プリニウスが人間について述べているのは第七巻である。ここで扱われているのは異形の種族、奇形、異常な諸能力をもつ人間、天才や偉人などのいわば「人間の諸類型」のほか、ローマ人には見られない異種族の奇妙な習慣、さらに月経、視力、忍耐力、幸福、長寿、死など人間の生に関わる様々な事象である。その領域は広範囲に及ぶので、ここでは後世の驚異観に関わり、かつこれまでの研究であまりふれられなかった事象を取り上げることにしよう。

プリニウスは異形の種族や奇妙な習慣について論じるにあたり、第三巻から第六巻で様々な地域の地理や民族を扱ってきたことをふまえて、「全体としての人類については、多くの民族についての記述で大部分語った」と確認する。そして、そのあと次のように続ける。

だが、省略されてはならないと思うものが若干ある。とくに海からずっと離れて住んでいる国民の風俗・習慣についてはそうだ。それらのうちあるものは、確かに多くの人々には驚くべきもの、信じがたいものと見えよう。というのは、実際にエチオピア人を見ずして彼らのことを信じたであろうか。あるいは初めて知られたとき、摩訶不思議に思われないものがあろうか。どんなに多くのものが、それが現実に起こるまでは不可能と判断されないであろうか。

このように述べるプリニウスだが、様々な異形の種族や奇妙な習慣を実際に目撃したわけではない。後述するような異形の生き物がこの世に実在するはずがないことに加えて、この引用箇所の少し後で次のように述べているからだ。人間の多様性について実例を挙げるとき、「多くの場合、わたし自身の信念をもって挑むことをせず、むしろ事実を権威者たちに帰し、すべての疑わしい点については彼らを利用することにしよう」。

プリニウスが引用する「権威者」には、古代ギリシアの詩人ホメロス（前八世紀）、歴史家ヘロドトス（前五世紀）、医者クテシアス（前五世紀）、歴史家メガステネス（前四世紀）、アリストテレス、古代ローマの百科全書的著述家ウァロ（前一世紀）など名をよく知られた著述家たちが含まれる。これらの他にも多くの人名が挙げられている。プリニウスが「序文」で「選抜した百人の著者」と述べていたことを思い出そう。断るまでもなく、プリニウスが「権威者」に依存するのは怠惰のためではない。先行する偉人たち、わけてもギリシア人と彼らが残した業績に対する尊敬の念のしからしむるところであった。「ギリシア人の後継ぎをもって自任するような高慢ちきな真似はよそう。というのは、彼らはわれわれよりもはるかに勤勉であり、昔から研究に献身してきたのだから」。

いくつか具体例を見てみよう。たとえば食人種だ。プリニウスは一部のスキタイ族をはじめ「非常に多くの種族が人体を食用にしている」と述べつつ、「こういう話はとても信じられないと思われよう」といったん合理的な判断を下している。しかし、もちろんプリニウスの真意はそこにはない。食人族キュクロペス（ギリシア神話で額に一つ眼を持つ野蛮な巨人）は「世界の中心地域」（写本によってはイタリアとシチリアを指す）に実際に住んでいたことに加えて、「つい最近まで、アルプスの向こうの部分の種族は人身御供を行っていたが、これは人肉を食うのとさして違っていない」。万が一、これらの明々白々な事実を考慮しないならば、食人種は存在しないと言えるかもしれないが、それはありえない。よって「人間の頭蓋骨で酒を飲み、毛付きの頭皮をナプキンとして首のまわりに懸けている」食人種も実在する。彼らはボリュステネス河（ロシア西部に源流をもつドニエプル河）から十日の行程の土地に住んでいる。

アルプス以北の「北風が吹き起こる」土地には、額の真ん中に一つ眼を持つアリマスピ族が住んでいる。彼らは半鷲半獅子の怪物グリフィンが守っている金を産出する鉱山を奪い取るのを習慣にしている。ヒマラヤ山脈のある大渓谷に位置するアバリモンという地域の森林には「足が後ろ向きに脚についていて」いる種族が住んでおり、駿足であり、獣と一緒に徘徊している。ボリュステネス河から十三日の行程の地域に住むケウロマタエ族は二日に一食しか食べない。ヘレスポントス（ダーダネルス）海峡の岸辺にはオピオゲネス族が住んでいるが、彼らは蛇に咬まれた傷を手で触れて毒を体から抜き取ることによって治す。同様の習慣を持つ種族はイタリアやアフリカにもいる。

アフリカのマクリエス族は両性具有者である。また彼らが居住する同じ地域には、魔術を行う種族がおり、「祈りをあげると牧場は干上がり、木々は枯れ、子供は死ぬ」。トゥリバリ族とイリユリア人（バルカン半島西部の先住民）も魔術を行うことで知られ、ひと睨みで人に魔術をかける邪視の持ち主である。怒りの眼つきで見つめられると人は死んでしまう。また彼らは「ひとつの眼に二つの瞳をもっている」。

東方の驚異

古代ギリシア・ローマ人にとって、遠く離れた東方のインドは驚異の地であった。プリニウスも「インド、そしてエチオピアの各地は特に驚異に富んでいる」と述べている。「東方の驚異」について言及する際にプリニウスがとりわけ依拠したのは、クテシアスとメガステネスであった。二人のギリシア人の東方に関する情報はギリシア・ローマ人に多大な影響を与えたことで知られる。ただし、ペルシア帝国宮廷で医者として仕えていたクテシアスが実際に東方に旅行し、その経験にもとづいて様々な異形の種族についての記述を残した可能性について現在の研究は懐疑的である。このことについては、すでに二世紀のギリシアの風刺作家ルキアノスも『本当の話』のなかで、「クテシアスはインドについて膨大な事柄を書いているが、それらを彼自身で見たこともないし、信頼のおける人から聞いたわけでもない」と述べている。おそらくクテシアスは遠隔地と交易を行うペルシアの商人たちから情報を手に入れたのであろう。一方、メガステネスは紀元前四世紀末にセレウコス朝シリアの使節としてインドのマウリヤ朝に派遣された人物で、彼の地を実際に旅したことで知られる。いずれにせよ、虚偽と現実とが入り混じった二人の著作は「東方の驚異」情報の宝庫としてプリニウスに受け継がれた。

さて、プリニウスはインドとエチオピアを併記しているが、それは二つの地域が度々混同して理解されてきたことに起因する。早くはホメロスが『オデュッセイア』（一・二三―二四）においてエチオピアの二つの種族について述べている。またクテシアスはインド人をエチオピア人と呼んでいる。このような混同はキリスト教時代になっても続いた。たとえば五世紀のローマ貴族出身でクレルモン司教を務めたシドニウス・アポリナリスは「外見がエチオピア人のような」インド人について述べている。

「東方の驚異」の具体例をいくつか取り上げてみよう。インドの動植物には桁外れに巨大なものが見られる。たとえば「イヌはどこのイヌよりも大きい」。樹木の高さは非常に高く、「それを越えて弓を射ることができない」。アシも非常に高く育つので、「節と節の間の一区間で、三人の人間を運ぶカヌーをつくることができる」。また、その木陰に一個中隊の騎兵を待避させることができるほどの大きさのイチジクが育つという。当地に住む人々の多くは身長が五キュービット（約二メートル五十センチ）もある。

クテシアスとメガステネスから引用されている内容は、中世にも引き継がれる「東方の驚異」のまさしくオンパレードである（図1）。

◀図1　ハルトマン・シェーデル著『年代記』1493年の「東方の驚異」の異形の種族に関する挿絵。

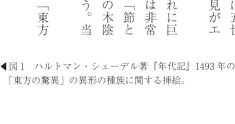

クテシアスは書いている。インドのある人種では、女は生涯にたった一度しか子を生まない。そして子供は生まれるとすぐ白髪になりはじめると。また彼はモノコリといって脚が一本しかなく、跳躍しながら驚くべき速力で動く人々の種類について述べている。またその種族は「傘足種族」と呼ばれるが、それは暑い季節には、彼らは地面に仰向けに寝て、その足の陰で身を守るからだと。そして彼らは穴居族から遠くないところに住んでいると。さらに西方には首がなくて眼が肩についている連中もいるという。またインドの東部（カタルクルディ地区と呼ばれている）の山の中にはサテュロス〈半人半獣〉がいるが、それは非常に敏捷な動物であって、ときには四足で歩き、ときには人類同様まっすぐに突っ立って走る。その速度が速いので、つかまるのは老いたものか、病気のものだけである。

また、渓谷に住むパンダエ族は長命で、「二〇〇年以上も生き、若い時分は白髪だが、年をとると黒くなる」。

一方、メガステネスからは次のような「東方の驚異」が引用されている。「メガステネスの話ではヌルスという名の山には足が後ろ向きについており、両足とも指が八本ある人々が住んでいる。また多くの山々にはイヌの頭をもつ人間の種族がいて、それは野獣の皮衣を着、その言語は咆哮であり、獣や鳥の狩猟の獲物を食べて生きている。（……）彼によれば、彼が本を出版したころはそういう人々が十二万人以上いたという」。スキリタエ族は鼻孔の代わりに一つの穴が顔面にあいており、鰐《わに》のような脚を持っている。インド東部のガンジス河の水源付近に住んでいるアストミ種族は全身が毛に被われ、生綿を身にまとっており、口がない。彼らは「呼吸する空気と、鼻孔を通じて吸い込む匂いのみによって生きている」。この地域からさらに先にある「一番外側の山岳地域には三スパン人と小人族がいるが、彼らは背丈が三スパン〔約七十五センチメートル〕を越すことはない」。

以上のほかにも、他の著作家たちに依拠しながら様々な「東方の驚異」が語られている。たとえば、獣と性交し、半獣半人の混血種を生む種族、五歳で妊娠し八年以上は生存しない短命族、毛の生えた尻尾をもつ種族、大きな耳をもちそれで全身を被っている種族、魚以外の食べ物を食べない種族などである。またこうした種々雑多な驚異のなかに、「長寿のエチオピア人」「背丈が八キュービット〔四メートル〕以上もあるエチオピア人」「犬頭猿という動物の乳を常食」とする「エチオピア遊牧民の種族」も含まれている。

プリニウスはこうした数々の驚異を「自然」との関係のなかでとらえていた。このような「人類の様々は、自然がその妙工により、自分自身の慰みに、またわれわれをびっくりさせるためにつくったものだ」。自然が常時行使している様々な業を詳細に語ることは到底不可能である。よってプリニウスは述べる。「自然の力が発現して、人類の全民族を自然の驚異のなかに包んだのだということで満足しよう」。プリニウスは自然の豊饒性を称揚し、これを書き留めることに満足を見出していたのである。

古代ギリシア・ローマ人と「好奇心」

『博物誌』という、多種多様かつ膨大な量の事象を網羅的に収集した浩瀚《こうかん》な書の執筆にプリニウスを突き動かしたのは何であろうか。

それは未知のことがらや珍しいことがらに対する飽くなき興味、それらのことがらを知りたいという欲望、すなわち「好奇心」であったに違いない。だが即断は慎もう。ここまでキケロ、アリストテレス、プリニウスら古代ギリシア・ローマ人の驚異観を検討してきたわけだが、彼らにとって好奇心がいかなる意味をもっていたのか確認しておく必要がある。

ギリシア神話に「パンドラの箱」という話がある。それはおおよそ次のような内容だ。パンドラはゼウスが泥で作った最初の女性であり、ゼウスはあらゆる悪と災いを封じ込めた箱を彼女に持たせて人間界におくった。しかし彼女は「好奇心から」箱を開いてしまう。そのためすべての悪と災いが地上に飛び出したが、急いで閉じたため箱のなかには希望だけが残されることになったという。

では、この神話を生んだ古代ギリシア世界では好奇心は悪徳とみなされていたのであろうか。実はそうではない。そもそも、古代ギリシア人は好奇心の問題に直接言及することがあまりなかったのである。好奇心は、人間がもつ自然の性癖とみなされていた。しかしこのように述べるからといって、好奇心が些末な問題として認識されていたということを言いたいわけではない。本書で述べていきたいことはその反対である。

好奇心は西洋世界における「知」の歴史的展開を考えるとき、きわめて重要な役割を果たしてきた。好奇心は、時代の流れのなかで驚異といわば優劣を競い合いながら、あるときには対立し、またあるときには交差しながら、西洋世界における「知」のあり方を構築してきたと言えるのだ。

その原初的な例はアリストテレスに見られる。アリストテレスは『形而上学』の冒頭で次のように述べている。「すべての人間は、生まれつき、知ることを欲する」。つまり「好奇心」が人間の生来の特質として位置づけられているわけだ。しかし、「知」の生成に好奇心が主導的な役割を果たすわけではない。すでにふれたように、「哲学」という知の誕生に深く関わっているのは好奇心ではなく、驚異であった（「驚異することによって人間は、（……）知恵を愛求《フィロソフェイン》し始めたのである」）。

次いで、古代ローマ人にとっては、好奇心は正負の二側面で捉えられていた。初めて好奇心を道徳的なカテゴリーとして明確に位置づけたのは、先に取り上げたキケロである。キケロによれば、好奇心には二つの面があった。まず、好奇心は知を追求するために必要不可欠なモチベーションであった。しかしその一方で、不適切な知を追い求める節度のない欲望という側面ももっていたのである。したがって、アリストテレスが言うように、たとえ「知ることを欲する」ことが人間の正常な状態であるとしても、それが過度に昂進した場合は、〈好奇心という悪徳〉に転落する可能性があったのである。

ストア学派の哲学者・政治家セネカ（前四頃―後六五）も同様のことを述べている。セネカによれば、「自然はわれわれに好奇的な本性を与え、自然の業と美との意識のなかで自然はわれわれを事物の偉大な演技の観察者として生み出した」（『閑暇について』）。

たとえば、人間が天空を観察できるのは天空の運動と顔とが同調できるように直立歩行できるからだが、それ自体、自然が人間に与えてくれたことなのだ。そして最高の対象である天空そのものが、「われわれが好奇心に満ちたものであることを強要する」（『自然問題集』）のである。一方、セネカは次のように言うことも忘れていない。「十分である以上に多くを知ろうと欲するのは、一種の不節制にほかならない」（『ルキリウスへの手紙』）。

このような古代ローマの好奇心観に鑑みれば、プリニウスが『博物誌』の執筆について控え目かつ謙遜気味に語っていることも頷けよう。しかし、運命とは皮肉なものだ。プリニウスがこの世を去ったのは、海軍提督として在任中にヴェスヴィオ火山の大噴火に遭遇し、視察に赴いて有毒ガスにあたったからである。プリニウスの性格からして、視察に赴いたのは役職上の義務以上に噴火の真相を見極めたいという心性のゆえだったのではなかろうか。好奇心ゆえにプリニウスは命を落としたと言えるかもしれない。

アウグスティヌスの怪物観

プリニウスが論じた様々な怪物に大幅に依拠しながら、キリスト教的視点にもとづいて驚異について思索を深め、中世キリスト教世界における驚異観に多大な影響を与えたのが初期キリスト教最大の教父アウグスティヌス（三五四―四三〇）である。

異形の種族や「東方の驚異」について詳細に述べられているのは、『神の国』第十六巻第八章である。そこには次のような「怪物」が次々に列挙されている。額の真ん中に一つ眼をもつ種族、踝《くるぶし》より下の部分が脛《すね》に後ろ向きに付いている種族、両性具有の種族、口がなく鼻孔による呼吸のみで生きている種族、身長が一キュービット（約五十センチメートル）しかない「ピュグマイオス」（長さの単位ピュグメーに由来）、五歳で妊娠し、寿命は八年を越えない女性のいる種族、膝を曲げることができない一本の脚部しかなく、驚くべき速さで走る「スキアポデス」、頭がなく肩に両眼をもつ種族（ブレムミュアエ）、犬の頭をもつ「キュノケファルス」。すでに見たように、これらのほとんどはプリニウスが取り上げていたものだ（図2）。

では、アウグスティヌスはこのような怪物についてどのようなスタンスを取っていたのだろうか。これを知るにはアウグスティヌスの神と人間に関する考え方をおさえておく必要がある。様々な怪物を列挙したあと、アウグスティヌスはこう語る。「人々はこれらの人種がみな存在していると言うが、それを信じる必要はない」。このようなある種の懐疑はアウグスティヌスの怪物論に通奏低音のように流れている。だがアウグスティヌスの真意はほかのところにあった。つづけてアウグスティヌスはこう述べるのだ。

1080 De terris Aſiæ maioris

tur, & Alexander ibi edoctus fuit, ſe unum orbis terrarum dominum futurum, ſed uiuum in patriã non rediturum, quod & factũ eſt. Nam dũ repetit Macedoniã, Babyloniæ mortuus eſt, ueneno extinctus.

De India ultra Gangem fluuium ſita.

QVamuis iſta India ſit ſupra modum fertilis et bene culta, inueniuntur tamẽ in ea ſicut & in priori, multæ ſolitudines, multi & uarij ſylueſtres homines atque animalia, idq; ob immẽſum quẽ habet calorem. Nã ſubijcitur tropico cãcri, declinatq; ferè ad æquatorem uſq;. Vnde Plinius ſcribit, incolas huius terræ colorari ſole & contrahere nigredinem inſtar æthiopum, non quod ab extra tantum nigri fiant ex ſolis aduſtione, ſed ex ipſo ſanguine ingenita eſt eis nigredo, quam duplicat ſuperueniens ardor ſolis. Confinxerunt ueteres multa monſtra quæ in hac terra aſſerunt inueniri, præſertim Solinus & Megaſthenes ſcribũt, p diuerſos Indiæ montes eſſe naturas capitibus caninis, armatas unguibus, amictas ueſtitu tergorum, ad ſermonem humanũ nulla uoce, ſed latratibus tantũ ſonãtes aſperis rictibus. Ganges fontẽ qui accolunt, nullius ad eſcam opis indigent, odore uiuunt pomorum ſylueſtrium, longiusq; pergẽtes, eadem illo in præſidio gerunt, ut olfactu alãtur Quod ſi tetriorem fortè ſpiritum traxerint, exanimari eos certũ eſt, & illorũ aliqs in Alexandri caſtris fuiſſe memoriæ traditum eſt. Legimus monoculos quoq; in India eſſe. Quoſdam etiam tam inſigniter auritos, ut aures ad pedes defluant, atq; in alterutram earum decubẽt, quarum duricie arbores cõuellant. Quoſdam item ſingulis pedibus & adeo latis quidem, ut ubi ſe defendendi à calore uelut reſupinati, his totaliter inumbrentur. Legitur etiam gentem quandam eſſe, quæ in iuuenta eſt cana, in ſenectute uerò nigreſcit. Eſſe etiam perhibent alteram fœminarum gentem, quæ quinquennes concipiunt, ſed ultro octauum annum uiſendi ſpacia non protrahunt. Sunt qui ceruicibus carent, & in humeris habẽt oculos. Sũt præter eos iam enumeratos, ſylueſtres quidam homines caninis capitibus, hirto & aſpero corpore ſtridore terrifico. Sed hęc & alia id genus quæ de India & gente eius memorantur, quoniam magna opus eſt fide ut pro ueris recipiant, quamuis in ijs quidẽ quæ ſunt pene oculis admota, niſi grauate adhibent qui aliena legũt ſcripta, parcius ſunt referenda. Memorantur quoq; Pygmęi eſſe in India, qui nunquam in pace ſunt niſi quando grues, quibus cum perpetua lis eſt, ad nos uolant. Sũt autem Pygmęi breues homines, habitantes in extrema parte montium Indiæ, ſalubri cœlo ſemperq; uernante

Monſtra huma

Pygmei.

図2　ゼバスチャン・ミュンスター著『普遍的宇宙誌』1554年の「東方の驚異」の異形の種族に関わる挿絵。文中にプリニウス（Plinius）の表記が見える。プリニウスの『博物誌』は近世に至るまで大きな影響を与えた。

人間として生まれた者、すなわち死すべき理性的動物として生まれた者は、わたしたちの感覚にとってたとえどのように奇異な身体の形や色や動きや音を持っていようと、またどんな力や部分や性質のものであろうと、その最初の一人に起源を有するものであることを、信仰ある人はだれも疑うべきではない。

つまり怪物的な種族はアダムの子孫にほかならず、このことをキリスト教信仰者はゆめゆめ疑ってはならないのだ。

この言明は全知全能である神に対する理解と抱き合わせになっている。奇形にふれてアウグスティヌスは次のように論を進める。「私たちは、生まれつき手や足の指がそれぞれ五本以上もある人間の例を知っている」。確かに、これは異常ではある。しかし、私たちがしてはならないことは、そこに創造者である神の誤りを見て取ることだ（「人が愚かにも、創造主は人間の指の数を間違えたなどと考えることは許されない」）。なぜなら、全知全能の神は「自ら成したことを知っているのであるから、その業を正当に非難しうる者は一人もいない」のだから。

アウグスティヌスと驚異

アウグスティヌスは不思議な泉や石など怪物以外の驚異についても言及している。それらの典拠の多くもプリニウスである。『神の国』第二十一巻第四章では、たとえば次のような驚異が取り上げられている。火のなかで生きているという火とかげ（サラマンダ）、死後にその肉が腐らないクジャク、「山羊の血のほかには、鉄によっても、火によっても、他のどんな力によっても損なわれることがないと言われている」石であるダイヤモンド、「鉄をひきつける驚異の石」である磁石。アウグスティヌスが言うには、「この石はインドから来た」ものであり、石の効果については「自分自身が観察したこと」と、「あたかもわたし自身の目のように信じている人から聞いたこと」である。また、磁石のそばにダイヤモンドを置くと磁石は鉄をひきつけなくなり、すでに磁石が鉄をひきつけていた場合にダイヤモンドを近づけると離してしまうという話については、「わたしが読んだこと」として紹介している。この書はプリニウスの『博物誌』（第三十七巻）のことを指している。

つづく『神の国』第二十一巻第五章でも数々の驚異が論じられている。火中におくと溶けるが、水中では火中におかれたときのように音を発するシチリアのアグリゲントゥムの塩、ガラマンテス人が住む北アフリカに存在する「昼間は飲めないほど冷たく、夜はさわれないほど熱くなる泉」、ギリシア西北部のエピルスにあるという、消えた松明をその中に投ずると点火する泉、いったん火がつくと消えることがないギリシア南部のアルカディアに産する石綿（アスベストス）、水に浮かず沈むエジプトのある種のいちじくの木、嚙んだり圧力を加えたりすると「皮が破れて煙や灰となって消えてしまう」ソドムの地のリンゴ、強く圧力を加えるとそれを持つ手を焦がすペルシアの黄鉄鉱、「内部の輝きが月といっしょに満ち欠けする」ペルシアのある種の石、風によって懐胎するトルコ東部のカッパドキアの雌馬、「葉の繁みを裸にされることがない」インドのテュロス島の木々――これらの「驚くべきことがら(mirabilibus)」の大部分もまたプリニウスから引用したものである。そしてこうした驚異はほかにも数え切れないくらいに存在し、「諸地方に現にあることとして記録されている」のだ。決して、過去の時代のことがらではない。

アウグスティヌスは以上で述べてきたような驚異を「怪物」に対する場合と同様、キリスト教的観点から解釈する。その姿勢は、一見すると、驚異の信憑性に対して判断の中立性を保っている。しかしながらその信憑性を担保する根拠は曖昧であり、前提として驚異を引き起こす神の全知全能に疑問を付すことは決してない。たとえば次のようにアウグスティヌスは述べている。

わたしとしても、わたしが例示したすべてを軽々しく信じてもらいたいわけではない。というのは、わたし自身も、自分が経験したり、だれにでも容易に経験できることを除いては、わたしの心にそれについて何の疑いもないかのように全部を信じたりしないからである〔『神の国』第二十一巻第七章〕。

アウグスティヌスが言及している「経験できる例」とは、水中で熱く油中で冷たくなる石灰、磁石、死後も腐らないクジャクの肉、雪を溶かさず果実を熟させる籾殻《もみがら》などであり、アウグスティヌスの言う「経験」は実はかなり疑わしい。さらに続けてアウグスティヌスは、「経験したことととしてではなく、読んだこととして例示した事柄」について述べるのだが、本当のこととして挙げているのは、先にもふれた消えた松明を燃やす泉、ソドムの地のリンゴである。この二つの例以外については「肯定も否定もできない状態である」と述べており、〈判断の中立性〉はことほどさように曖昧なものであった。

このようなアウグスティヌスの驚異観を根底において下支えするのが「神の全能」という神観念である。アウグスティヌスが言うには（『神の国』第二十一巻第五章）、キリスト教を信仰しない異教徒たちから、驚異について合理的な説明を要求された場合、返答に窮するのは確かである。なぜなら、驚異は「人間の精神の力を越えているからである」。しかし全能者である神は、「人間の弱い魂が理由を説明できなくても」、「理由なしには行わない」。神が何を欲せられて驚異を生み出されたのかを私たちが確実に知ることはできない。しかし、「彼が欲すれば彼にとって不可能ではないということは、きわめて確か」なのだ。「全能なる神の意志」によって驚異が生み出されることは疑いえないのである［『神の国』第二十一巻第七章］。

驚異と奇蹟

アウグスティヌスが驚異（mirabilia）について語るとき、それが奇蹟（miracula）と互換的に使用されていることに注意しなければならないだろう。

実はこの傾向は、中世の中頃まで見られたものであった。ラテン語を用いる大学の知識人たちは十三世紀までには存在論的レベルで驚異と奇蹟を区別するようになったが、中世初期はそうではなかった。その原初的な例がアウグスティヌスである。たとえば前述の「石灰」は「奇蹟的なこと（miraculum）」と表現されている。また「インドの石」である磁石は「奇蹟（miraculum）」と表現される一方で、「驚異の石（mirabilem lapidem）」とも表現されている。「火」もアウグスティヌスにとって石灰やインドの石と並んで記述できるものであった。火はそれ自体輝いているが、燃えたものをすべて黒くしてしまい、また色は最も美しいにもかかわらず、それがなめつくすものの色を失わせるがゆえに「驚異（mira）」であった［『神の国』第二十一巻第四章］。

このように驚異と奇蹟を同一視する思考は、世界そのものを奇蹟とみなすアウグスティヌスの世界観に由来している。

神は世界を、天においても地においても、空中でも水中でも、無数の奇蹟で満たしている。そして世界そのものが、そこに満ちているあらゆるもののよりも、疑いもなく偉大ですぐれた奇蹟である［『神の国』第二十一巻第七章］。

このスタンスでいけば、世界は奇蹟であるだけではなく驚異でもあり、さらに言えば、平凡なことがらと驚異的なことがらの境目はなくなってしまう。なぜなら森羅万象は神の意志にもとづくからだ。そして森羅万象のことわりは、その時々の神の意図によって無限に変化するのだから、「自然」に原因を求めて説明することは完全に的外れであった。

アウグスティヌスは、果実の表面は熟しているのに内部は灰しか入っていないという「ソドムの地のリンゴ」に関して次のように述べる。かつてソドムの地は他の土地と同程度か、それ以上に豊かであった。しかし、「天から打たれた後は、おそろしく異様に煤けてしまった」。その土地に実るのがこのリンゴなのである。ソドムとは、旧約聖書『創世記』第十九章に出てくる町のことで、その道徳的退廃と不信仰のために神の怒りをかい、硫黄の火によって殲滅させられたのだった。アウグスティヌスは断言する。「見よ、自然の創始者によって、それまでと違う、このきわめて見苦しい状態へと、その自然本性が驚くべき変化のために変えられたのである」〔『神の国』第二十一巻第八章〕。

「自然の創始者」、すなわち神は全能であるがゆえに、当然、自然の本性をも変える力がある。驚異を「自然」の原因に帰してはならないわけである。奇蹟については言わずもがな、驚異の背後にも神がひかえているのだ。

アウグスティヌスと前兆

驚異が前兆とみなされることについてはキケロの箇所で検討したが、アウグスティヌスもこの問題についてふれている。その解釈は言うまでもなくキリスト教的である。先の引用箇所につづけてアウグスティヌスは次のように述べる。

神にとって、欲する通りの本性を定めることが不可能でないように、定めた本性をその欲する通りのものへと変えることは不可能ではない。こうしてしるし(monstra)とか徴候(ostenta)とか前兆(portenta)とか予示(prodigia)とか呼ばれる、たくさんの奇蹟(miraculorum)が生じるのである。

「しるし」をはじめとする似通った四つの言葉が「奇蹟」と同一視されているとともに、四つの言葉にそれぞれ次のような説明が付けられていることに注意しておきたい。

しるしと言われるのは、示すこと(monstrando)から、すなわち象徴によって何かを指示することからだと言われている。そして、徴候は提示すること(ostendento)から、前兆は前もって知らせる(portendendo)、すなわち先んじて示すこと(praeostendendo)から、また予示はあらかじめ言う(porro dicant)、すなわち未来を予言する(praedicant)ことから、そう呼ばれている。

以上のことが述べられている『神の国』第二十一巻第八章には、次のような前兆の例が記されている。紀元前一世紀の古代ローマの百科全書的学者マルクス・テレンティウス・ウァロが著した『ローマ人の種族について』を引用したくだりだ。

天に驚くべき前兆（**mirabile portentum**）が現われた。プラウトゥスがウェスペルゴと呼び、ホメロスが、最も美しいと言って、ヘスペロスと名づけた、最も高貴なウェヌスの星〔＝金星〕に、色や大きさや形や進路を変えるような前兆（**portentum**）が現われたと、カストルは書いている。そのようなことはこれまでになかったし、これからもないであろう。これはオギュゴス王の治世に起こったと、有名な数学者であるキュジコス人のアドラストスとネアポリス人のディオンが語っている。

オギュゴス王とは、古代ギリシア神話の海神ポセイドンの子、あるいは大地から生まれたとも言われるギリシア東部のボイオティアの英雄である。この王の時代に金星の変調という「前兆」が起こったわけだが、その兆しが意味したものは大洪水であった。ウァロが『ローマ人の種族について』のなかで、ローマ史の出発点としたのは「オギュゴスの洪水」であった〔『神の国』第十八巻第八章〕。将来起こる災厄を何らかの兆しが「前もって知らせる」という前兆観は、アウグスティヌス以降も中・近世を通して繰り返されることになる。

類似した四つの前兆概念に関するアウグスティヌスの言葉遣いについて、中・近世の驚異観との関連で指摘しておきたいことが二つある。一つめは、「しるし」にあたるmonstraというラテン語が「怪物・奇形」の意味をもっており、「警告する・戒める」という意味のmoneoという動詞を語源としているということだ。現在わたしたちが使用している「モンスター」という言葉の語源である。二つめは、「予示」にあたるprodigiaというラテン語もまた「怪物」の意味をもっているということである。アウグスティヌスが前述の箇所で怪物や奇形の誕生についてふれているわけではない。しかし近世には、後述のパレの著書『怪物（monstres）と驚異（prodiges）について』の書名と内容に如実に示されているように、怪物や奇形の誕生は、驚異、および神から人類への警告をともなった前兆の代表格として位置づけられることになる。中世における典型的な驚異は、ブレムミュアエやバシリスクのような異形の種族・怪物であったことを考えると、中世、近世へと時代が進んでいくなかで、驚異と前兆に関する解釈も変化していったことがわかる。

「欲望の病」としての好奇心

以上のように、アウグスティヌスの『神の国』には目を瞠《みは》るばかりの豊富な驚異記述が見られるわけだが、果たして、アウグスティヌスは「好奇心にかられて」筆をとったのだろうか。実はアウグスティヌスこそ、キリスト教世界において好奇心批判を展開した急先鋒であった。その見解は、中世はもとよりその後の好奇心観に多大な影響を与えた。アウグスティヌスにとって驚異と好奇心は対照をなすものであり、アウグスティヌスを始めとする教父たちは好奇心をとりわけ忌まわしい罪とみなした（図3）。

初期キリスト教徒に対して好奇心断罪の根拠を提供したのは聖書である。まず確認しておきたいのは、旧約聖書『創世記』（三：一―七）のアダムとエヴァの話だ。彼らは神が食べるなと命じた善悪を知る木の実を悪魔に唆《そそのか》されて食べてしまった結果、エデンの園から追放され、アダムは労働の重荷、エヴァは妊娠の苦しみ、そして人類は死という宿命を背負うことになった。アダムとエヴァが好奇心に惑わされることさえなければ、人類は原罪を犯すことはなかったのである。

知を探究するという行為にはらまれる危険性について警鐘を鳴らすのは、旧約聖書外典『シラ書』（三：二一―二三）である。

お前の力に余ることを理解しようとするな。また、手に負えないことを探究しようとするな。お前のために定められていることと、それを熟慮せよ。お前に示されていないことを知る必要はない。できないことに手を出すな。お前に示されたことは、既に人間の理解を超えたものなのだから。

さらに新約聖書『コリントの信徒への手紙一』（一：二七）には次のように記されている。「神は知恵ある者に恥をかかせるため、世の無学な者を選び、力ある者に恥をかかせるため、世の無力な者を選ばれました」。

このような好奇心批判に関連する聖書の記述をふまえつつ、アウグスティヌスは好奇心の包括的な分析を行った。それはキリスト教への回心と神への感謝を綴った自伝『告白』（四〇〇年頃）の第十巻第三十五章にみられる。

直前の第三十章から第三十四章において順番に性欲、食欲、嗅覚、聴覚、視覚を「肉の欲」、

図3　聖アウグスティヌス（ボッティチェリ作，1480年）

つまり「肉の誘惑」として論じたあと、第三十五章で「第二の誘惑」、すなわち「好奇心の誘惑」が吟味される。

たとえば、アウグスティヌスは感覚の視点から快感と好奇心を対比させて、好奇心を批判する。なるほど快感とは美しいもの、快いもの、美味しいものを追い求めるものだ。しかし好奇心は異なる。快感と「正反対のもの」、すなわち「不快」を追い求める特徴があるからだ。好奇心とは、不快を「経験してみたい、知ってみたいという情欲（libidine）にもとづく」ものである。この言葉遣いは、アウグスティヌスにとって好奇心が性的な意味合いにおいて理解されていたことを示している。この引用箇所のしばらくあとでは、次のようにも述べられている。「見世物でいろいろ驚かせるようなことが演じられるのも、この好奇心という欲望の病（morbo cupiditatis）からです」。情欲（libido）、欲望（cupiditas）の二語とも性欲に関わる言葉である。またここで「驚くべきこと」が奇蹟（miracula）を意味するラテン語で表記されていることにも注意しておこう。アウグスティヌスにおいて驚異と奇蹟は互換的に使用されていることについてはすでにふれた。

アウグスティヌスが挙げている「不快」の例とは次のようなものだ。「たとえば、ずたずたにされた、身の毛のよだつような死体を見ること」である。このような光景に人が快感をおぼえるはずがない。しかし、「そのような屍がよこたわっていると聞くと、人々はかけ集まって来て、それを見て気を打たれ、まっさおになるのです」。

「好奇心という欲望」は人間を不快なものに誘《いざな》うだけではない。さらに邪悪なものにも誘う。これに関連してアウグスティヌスは本書の趣旨に関わる重要なことをつづけて述べている。「またある人々は、同じ邪悪な知識をあてに、魔術によって何かを探求します」。魔術に手を染める原因に好奇心が深く関わっているという考え方は、後ほど検討するように、近世の魔女に関わる言説にも見られるものだ。

なぜ、アウグスティヌスは好奇心を目の敵《かたき》にしたのだろうか。ひとつの理由は、すでに述べたように、それが「情欲」にほかならないからである。

そして第二の理由は「知るという行為のスタンス」に関わる。アウグスティヌスは、「知ったところで何のたしにもなるわけでもないのに、人間はただ知ることだけを求めている」と述べている。この言葉は先に引用した魔術について述べた箇所の直前に記されており、具体的には占いのようなものを指していると考えられる。未知のことを知ろうとすることは学問に通じる。アウグスティヌスが学問を軽んじていたわけではない。しかし、それは愛と謙遜とともに行われなければならないものであった。単なる「知識欲」は非難されるべきものだったのである。

また好奇心は「高慢」とも結びつけられ、知識人に特有の悪徳としても理解されるものだった。好奇心にかられて天体観測に血道をあげる学者は、日食のような驚異に対面したときに、無学な者のように素朴に驚異の念を抱くことができない。神の所産である驚異に対して、好奇心に飲み込まれた者は恐れ憚ることなく欣喜雀躍し、のぼせ上がるという醜態を演じるのだ。

好奇心断罪の第三の理由は、それが至高の存在であり全知全能である「神を試す」行為につながる場合があるからであった。「宗教そのものにおいてすらも、しるし（signa）や奇蹟（prodigia）などを、救いのためではなく、ただ見聞したい気持ちから熱望し、神を試みることになるのです」とアウグスティヌスは釘を刺している。

中世における好奇心の断罪

このようなアウグスティヌスの好奇心批判は、中世を通して引き継がれた。七世紀前半にセビリャの大司教を務めたイシドルスは、『罪深き魂の嘆きの書』のなかで次のように述べている。

> 隠されたものごとを知りたいという好奇心を抱いてはならない。人間の判断力から遠く離れたものごとを嗅ぎ出そうとしてはならない。権威ある聖書によって学ばなかったことは、秘密として、わきに置いておけばよい。書かれたものを越えて何も求めてはならない。聖書によって教えられたことだけを調べよ。知ることを禁じられていることは知ろうとはするな。好奇心は危険な思いあがりである。好奇心は有害な学問である。それは異端へと人を引きずり込む。それは精神を冒瀆的な作り話へと運んでゆく。

セビリャのイシドルスと言えば、その百科全書的著作『語源誌』を著したことで名高い。それは古代から受け継がれた様々な事物を収載したものだが、怪物など驚異についての記述も含まれている。しかし『罪深き魂の嘆きの書』の言葉をふまえると、『語源誌』は好奇心につき動かされて著したものではない。神をはじめ森羅万象の語源をキリスト教的観点から記したものなのだ。

十二世紀のシトー会の修道院改革者クレルヴォーのベルナルドゥスも好奇心を批判した。ベルナルドゥスは説教活動や著述、また修道院組織を通して全ヨーロッパに大きな影響を与えた人物である。アウグスティヌスにもとづく謙遜の神学の立場に立つベルナルドゥスは、同じくアウグスティヌスの好奇心と高慢を同一視する考え方も踏襲した。ベルナルドゥスはアダム、および最高位の天使であったが神に反逆して天から堕《お》とされ悪魔の頭目と成り果てたルシフェルにふれながら、好奇心を「あらゆる罪のはじまり」とみなした。

また、十三世紀初めに教皇権の絶頂期を築いた教皇インノケンティウス三世は「天の高さ、地の広さ、海の深さ」をおこがましくも探究するのだと豪語する学者たちを批判した。

学者の好奇心に対してさらに厳しい批判を展開したのは、中世後期フランスの最も優れた教会指導者・神学者であり、「最もキリスト教的なる博士」と称されたジャン・シャルリエ・ジェルソンである。ジェルソンはパリ大学総長を務めたほか、アヴィニョン、ローマの両教皇のもとに赴き、教会大分裂《シスマ》（一三七八―一四一七）の収拾のため奔走したことで知られる。ジェルソンは一四〇二年十一月八・九日に神学部で講義を行った。それが『学者の好奇心を戒む』である。

ジェルソンによれば、「悔い改めて福音を信じなさい」（新約聖書『マルコによる福音書』一：一五）

というキリストの言葉を無に帰せしめてしまうのは、高慢という堕落である。学者はとくにその堕落に陥りやすい。ジェルソンは学者の高慢と好奇心について次のように述べている。

高慢は学者たちを悔悛と生きた信仰から遠ざけ、もしかれらが用心しなければ、つねにかれらのうちに好奇心と特異性という二人の不幸な娘を生むことになる。

「最も邪悪な母親」である高慢からは、もう一人「嫉妬」という不幸な姉妹も生まれる。悪の三姉妹の子孫は数えきれないほど多い。ジェルソンが挙げる子孫は次のものだ。「闘争、論争、厚かましさ、強情さ、誤りの主張、自分の考えの偏重、自分自身のまたは自分の仲間の見解に対する固執、さいごに破廉恥、無学な人びとに対する軽蔑、そしてすべての謙遜な教えの忌避などである」。

このような「悔悛と信仰にはげしくはむかうもの」の生みの親としての好奇心に対するジェルソンの舌鋒はきわめて鋭い。

好奇心は悪である。この好奇心によって、人はより有益なものを捨て、自分の研究をあまり有益でないものとか、自分では到達しえないものとか、有害なものとかに向けている。

特異性も、人により有益なものを捨てさせ、自分の研究をもの珍しくて特異な学問に向けさせるがゆえに悪である。そして両者を総括して次のように断罪する。

この両者はともにより有益なものを捨てるがゆえに罪とみなされる。このような行為は、まことにかならずやそれぞれが自らの優越性をのぞむことから生ずる。好奇心は当然のこととは異なることを知ろうとし、また特異性は自分がほかの者よりすぐれた者になろうとする。

悪としての好奇心――。

ことほどさように中世キリスト教社会において好奇心の位置づけは低かったのである。

自然研究と好奇心

以上に見てきたような好奇心に対する批判が、「自然を研究することに対する批判」に結びつくのは理の当然である。早くは四世紀の東方教会の教父バシレイオスが、「汝の思索に限度をもうけよ。理解できないことを研究する際には好奇心を避けよ」と忠告している。

また、ほぼ同時代を生きた、聖書のラテン語訳ウルガタを完成させた教父ヒエロニュムスは、「昼夜となく問答術を修練している輩や天空を突き刺すように凝視している自然学の徒が、知識の虚しさと心の暗闇のなかを歩いているというのは明々白々たることではあるまいか」と述べ、好奇心にかられて一心不乱に自然研究に没頭する学者の生きざまに疑念を呈している。さらに、その名がギリシア語で「金言を語る者」を意味するように名説教家として知られる五世紀の教父でラヴェンナ司教であったペトルス・クリソログスは、好奇心を「俗世の知識」を追い求めるものとみなし批判した。

以上のように、好奇心に突き動かされて自然の研究に邁進する姿勢に対しては疑念と批判が向けられることが一般的な趨勢であった。しかし、神学者たちがジレンマを感じていたことも確かである。たとえば、十三世紀の中世スコラ学の完成者トマス・アクィナスをはじめ自然哲学に関心をもつ神学者たちの仕事は自然界の秩序を研究し、教授することであったから、好奇心批判と自然研究擁護との折り合いをつけることは重要であった。しかし、それは容易なことではなく、説得力ある説明を提示することはできなかった。

たとえば、アクィナスの師でパリ大学神学部教授であったアルベルトゥス・マグヌスは、そのおさめた学問の広さから「全科博士」とも称されたが、自然学についても造詣が深かった。アルベルトゥスによれば、好奇心は、「研究されるものに無関係な、あるいはわれわれにとって無意味なことがらを研究すること」に関わる。これに対して、「研究されるもの、あるいはわれわれに関係する研究」に関わるのは「思慮深さ」である。

アクィナスの論法も、師のアルベルトゥスと似ている。アクィナスにとって、好奇心は無目的な、不熱心なもので悪徳にほかならなかった。その一方で賞賛されたのが、知的な学問に対する規律化された献身である「熱心さ」（studiositas）であり、それは美徳であった。

研究のモチベーションを上げるのが「好奇心」なのか、「熱心さ」なのか、その線引きはきわめて主観的なもので明確な基準を設けることは難しい。よって、このような区別にもとづいたアクィナスの立場は曖昧なものにならざるをえなかった。実際、結果的にアクィナスは好奇心に対してより好意的な評価を与えることになった。アクィナスはアウグスティヌスの立場をそのまま踏襲しなかったのである。パリ大学をはじめイタリア各地の大学で教鞭をとった学者・教師としてのプロ意識から、アクィナスは次のように述べている。


真実の知識はいかに豊富にあったとしても悪ではなく、善である。善を求める願いは邪悪なものではない。それゆえに有害な好奇心が知的な知識を伴うことはありえない。

増殖する驚異

中世が盛りを迎えた十二、十三世紀、驚異に対する関心が高揚し、ヨーロッパにおける「驚異増殖の第一波」がおとずれる。

西洋中世史研究の泰斗ルゴフは、その理由として、①教会の異端者に対する統制に弛緩がみられたこと、②宮廷世俗文化が農民の民間伝承を好意的に受け入れたこと、③知の領域を拡大することを目指して科学的・文学的な努力がなされたこと、④現世の魅力を探究しようとする新しい関心が芽生えたこと、を挙げている。その結果、十二世紀から十三世紀の転換期に「異常で驚くべきこと」を解釈する中世のシステムが作動するに至った。

ルゴフが「中世の驚異の輪郭」として三分法の図式で表現するそのシステムは、「聖職者の心的装置」の「基本構造に対応している」だけでなく、「多かれ少なかれ俗人大衆の心性のうちにも瀰漫していたもの」である。両端の一方に神に由来する「奇蹟」、もう一方に「魔術あるいは悪魔の術」(**ars magica vel diabolica**)があり、この両者のあいだに「驚異」が位置づけられる。驚異は「本質において、宗教的にもイデオロギー的にも、中立の超自然」であり、「中世において、「科学的」驚異が発達したのは、まさにこの現世的超自然の内部」でのことであった。

このような驚異の特徴は、十三世紀初めの聖職者・政治家・法学者ティルベリのゲルヴァシウスの『皇帝の閑暇』の記述に端的に示されている。

> 驚異という言葉では、自然のものでありながら、私どもの理解を越えた物事を指すととらえています。しかるに実は、驚異を創るのは、ある現象の原因を説明することのできない、私たちの無知なのだというべきです。

しかしこのような驚異認識のあり方は、中世末に近づくにしたがって変化していった。「中世的驚異の領野は、奇蹟の領野を犠牲にすることによって版図を広げ」、「とくに悪魔的領域を侵害して拡大」していくのである［ルゴフ］。

十二、十三世紀にはゲルウァシウスの『皇帝の閑暇』以外にもギラルドゥス・カンブレンシスの『アイルランド地誌』、サン＝トメールのランベルトゥスの『華の書』、オータンのホノリウスの『世界像』、トマ・ド・カンタンプレの『事物の本質についての書』、ヴァンサン・ド・ボーヴェの『自然の鑑』、バルトロマエウス・アングリクスの『事物の属性について』など驚異を論じた著作が多く著されたが、それらの内容の源流は本章で取り上げてきた古代・中世初期の先達たちにさかのぼるものであった。

ただ、先にふれたように、自然研究の意義を認めていたアクィナスやアルベルトゥスにとっては、ある事象を「驚き不思議がる」だけに終わることは原因を究明する姿勢を放棄することにつながるがゆえに、諸手を挙げて受け入れられるものではなかった。したがって、中世の神学者たちのなかには、この二人のように驚異を認めつつも、アカデミックな哲学者として驚異から一歩身を引く立場が存在した。十四世紀の哲学的な志向をもつ著作物から驚異に関する記述が大幅に減少するのだ［Daston & Park, 2001］。中世末期の十四、十五世紀は驚異熱がややややわらいだ時期だったと言えるかもしれない。しかし、ほかならぬこの時期において、驚異が「悪魔的領域を侵害して拡大」していき、驚異と魔術が癒着し始めるのだ。

さて、同時期のヨーロッパ史を別角度からみてみよう。十四世紀中頃には黒死病がヨーロッパ全土を席捲し数多《あまた》の人命が奪われた。この大惨事について、キリスト教徒殲滅の陰謀の濡れ衣をかけられたユダヤ教徒が各地で虐殺された。一方、正統のカトリック信仰に刃向かう異端者たちに対する審問と迫害も熾烈《しれつ》に行われていた。やがて一四二〇、三〇年代の西方アルプス一帯で魔女の集団が暗躍しているとの噂が拡がり始める。ユダヤ教徒や異端者など、当時のヨーロッパ社会の周縁者の負の要素を一身に凝縮した存在として、魔女がヨーロッパのキリスト教徒たちの想像界を占拠し始めたのだ。世紀末にかけて魔女狩りの波は徐々に高くなり、一四八六年にはドミニコ会修道士ハインリヒ・クラマーが著した悪名高い魔女狩りの手引書『魔女への鉄槌』が刊行された。

その六年後、ジェノヴァ生まれの航海者コロンブスが三隻の船でスペインのパロス港を西に向かってアジアを目指して出港した。大航海時代の幕開けである。それは「驚異増殖の第二波」の時代の到来を意味していた。

第二章

大航海時代の幕開けと驚異の増殖

「海の怪物アルゴス」オラウス・マグヌス著『ゲルマン海の怪物』（1537年）より

世界地図に対するあらたな認識

十五世紀末以降、ヨーロッパから異境の地へと海原を渡っていった航海者や探検家たちは、彼の地で手に入れた珍奇な品々や情報をヨーロッパに次々に持ち帰った。つづく二世紀のあいだに異境に関する知識は、真偽織り交ぜて飛躍的に増大した。こうして新しく発見され獲得されたことがらを記録しようとする決然とした努力は、すでに大航海時代当初のヨーロッパ人のあいだで見られた。それらのことがらは地図製作に必要な多くの素材ともなった。あらたなる「驚異の時代」をもたらした重要な要因のひとつは、まさにこれらの素材であった。

コロンブスや世界周航を試みたポルトガルの航海者マゼランによって発見されたさまざまなことがらや情報はすでに十六世紀初めの地図に記されている。これらの地図が担っていた役割は、ヨーロッパの人々にこれまで知られていなかった重要な航海ルートを提供することとならんで、航海者たちが遭遇した驚異の諸相を伝えることだった。

十六世紀初めに製作された地図のほとんどは、依然として、二世紀のギリシアの天文学者・地理学者プトレマイオスが著した『地理学』にもとづいていた。この書は十五世紀初めに「再発見」されたものである。ギリシア語版は、ギリシアの学者クリュソロラスによって初めて西ヨーロッパにもたらされた。クリュソロラスは、オスマン帝国の侵攻に対する助力を乞うためビザンツ帝国皇帝マヌエル二世によってイングランド、イタリアに派遣された人物で、一三九七年以降フィレンツェに移住したことで知られる。ギリシア語版はクリュソロラスの弟子でフィレンツェ出身の学者ヤコポ・ダンジェロ・ダ・スカルペリアによって、一四〇九年頃までにラテン語に翻訳されて広く利用できるようになり、当時のヨーロッパ人の世界地図の認識に大きな影響を与えた。しかし、十五世紀末以降、ヨーロッパに流入し始めた世界についての様々な情報は従来の世界地図の認識に変更を迫り、その動きは時間を経るにしたがって加速度を増していった。

たとえばドイツの地図製作者マルティン・ヴァルトゼーミュラーは、一五〇七年に史上初めて「新大陸」を「アメリカ」という名称で表現した世界地図を出版した。ヴァルトゼーミュラーがアメリカという表記を使用したのは、イタリアの航海者アメリゴ・ヴェスプッチが新大陸を発見したことに敬意を表したためである。これまで存在しなかった新たな土地の名称が世界地図に加わったわけだ。さらにヴァルトゼーミュラーは一五一六年、『海図』を製作したが、それはイタリアとポルトガルの探検家たちの話や航海記をおおむね信頼したものだった。この『海図』においては、ヨーロッパの地域でさえプトレマイオスではなく同時代の海図を参照して描かれている。こうして十六世紀中頃までには、古代の地理学の多くの部分が妥当性を失い、航海と探検によって得られた様々な情報が、新しくてより正確な世界イメージを形成するようになった。

大航海時代初期の航海者や探検家たちは、異境の地で彼らを魅了した「モノ」を「標本」としてヨーロッパに持ち帰った。その標本には植物や動物は言うまでもなく、現地に居住する人間すらも含まれていた。これらの標本のニュースは瞬く間に広まった。たとえばシュトラースブルク

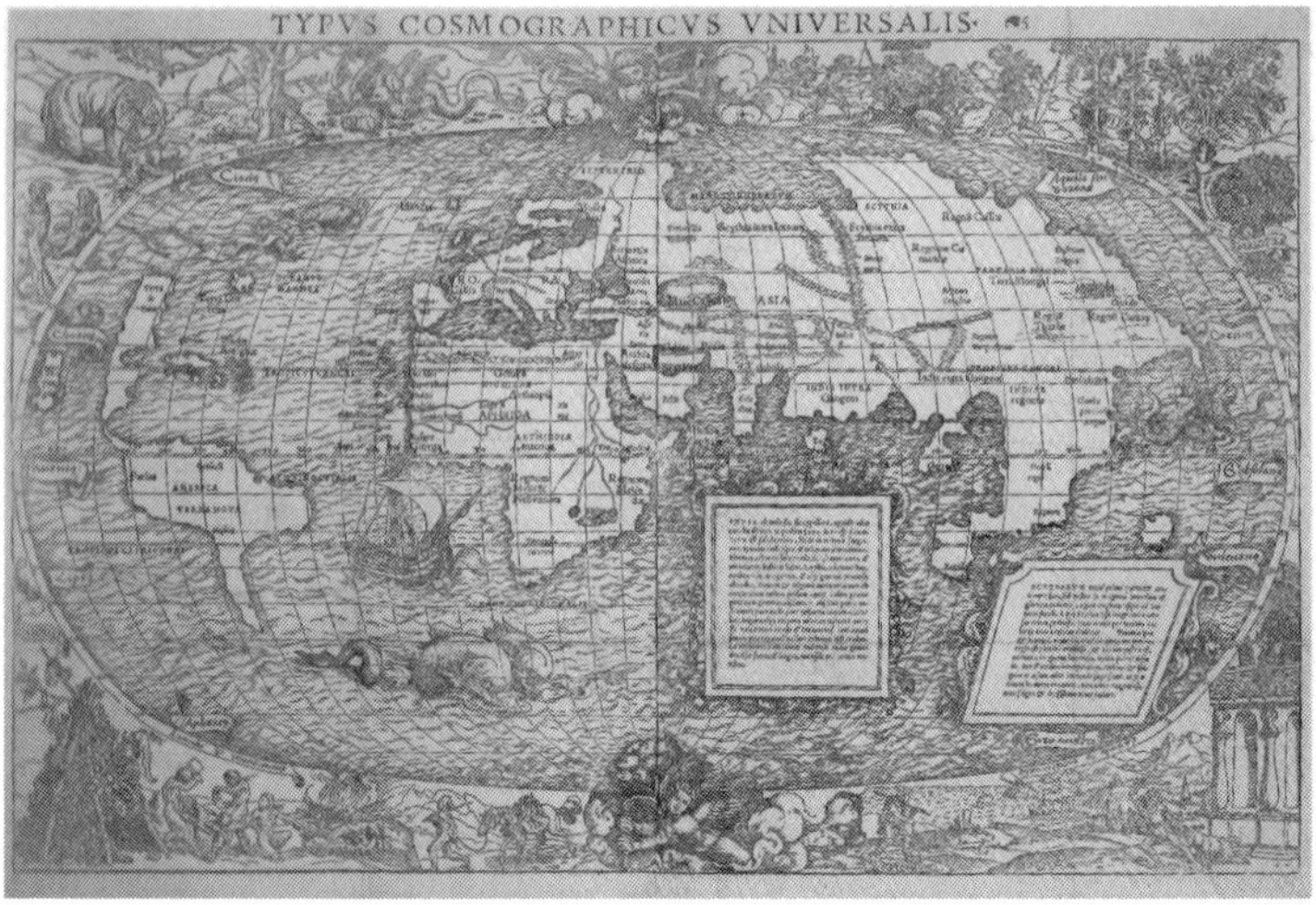

図４　シモン・グリナエウス編『古代人に知られていなかった地域と島々の新世界』1532年より。ハンス・ホルバイン（子）による「普遍的宇宙誌図」。地図周辺の装飾には胡椒などの異境の植物、食人種などの異形の種族、また海には様々な怪物が描かれている。

の学者ゼバスティアン・ブラントが著した『愚者の舟』（一四九四年）は、十五、十六世紀のドイツ文学のジャンルの一つである愚者文学の一源流とされる書で好評を博し、ラテン語をはじめ各国語に翻訳されたことで知られる。初版年はコロンブスが新世界に到達してからわずか二年後のことだが、ブラントは同書でこう述べている。「そうこうするうちにポルトガル人とスペイン人は黄金の島々と、以前までは何も知られていなかった裸の人々を見つけたのです」。このように異境の様々な珍奇なもの《キュリオシティズ》は、たちまち文学作品、地図、また木版画などのメディアのなかで描かれ、ヨーロッパ人の驚異に対する認識を刷新することになったのである（図４）。

新種の植物の発見と植物誌の発展

十六、十七世紀のヨーロッパでは植物誌に関する著作や豪華な花譜集に発展が見られたが、これには十五世紀中頃以降、同時並行的に起こった三つの事象が関係している。

一つはすでに述べたアメリカや東方諸地域をはじめとする土地への航海と探検であり、ヨーロッパから遠く離れた異境の地で発見された珍しい植物はヨーロッパ人の興味関心を掻きたてた。二つめの事象は、十五世紀中頃の活版印刷術の発明である。鋳型により鋳造した活字と加圧式の印刷機を使用した新しい印刷術は、それまでの写本に比べて飛躍的に安価かつ大量に新しい情報を広範かつ迅速に普及させることを可能にした。一般的に発明者はドイツ・マインツのグーテンベルクだとされているが、諸説あり定かでない。そして三つめの事象が、自然界に関する情報を構造化・階層化された体系のなかにまとめようとした知識人たちの欲望の高まりである。その欲望は未知の動植物の大量の輸入と新しい人種の発見によって否応なしに焚きつけられたものだった。

中世末から近世へと切り替わる時代に肥大化しつつあったこの欲望こそ、かつてアウグスティヌスが批判した好奇心にほかならない。「十五世紀の末から、この〔中世の〕好奇心の体制的枠組みのシステムは、効力を失ったように思われる」。そして「全方位的な好奇心の称揚」が見られるようになり、「多様な形態における好奇心の実践」が、「十六、十七世紀の学識文化の大きな構成要素」となるのだ［ポミアン］。

活版印刷術が発明された直後から出版され始めた植物誌は、十五世紀末までにラテン語だけでなく、ドイツ語、フランス語でも著された。その内容は、古代の学者たちの著作に大幅に依存しており、医療に用いられる植物とその使用法に関する伝統的な情報を編集したものであった。このことはこの種の書籍の典型的な書名が『健康の園』であったことから明らかである。古代の学者としては、たとえば紀元前四―前三世紀の古代ギリシアの哲学者でアリストテレスの弟子にして「植物学の祖」と言われるテオフラストス、紀元一世紀のギリシアの医師で著書『薬物誌』（全五巻）が近世まで影響を与えたことで知られるディオスコリデス、紀元二世紀のギリシア出身の医学者で「医学の祖」ヒポクラテスと並んで西洋医学の礎《いしずえ》を築いたガレノスが挙げられる。

医療上の使用法を重要視していた最初期の印刷本の植物誌には、植物を同定するため挿絵が添えられた。それらの挿絵は木版画であったが粗雑なものが多かった。また、根の部分が人の姿をしたマンドラゴラの挿絵のように荒唐無稽なものも見られた（図5）。このことは、それらの挿絵が専門的な画家ではなく、印刷業者によって制作されたことを示している。

しかし、一五四〇年代までに状況が変わり始める。古代・中世の時代に知られていなかった新種の植物が存在することが明らかになるにつれて、古代の権威に頼ることが少なくなっていったのである。知識人たちの関心は植物の医療上の使用法を研究することから、植物のすべての特性を突き止めることと植物の分類システムを考案することに向けられていった。このことは、根・

葉・芽・花・種を含んだ植物全体を今までになくいっそう正確に把握し描写することを要求した。このような背景のもとで、熟練した画家が植物誌の挿絵を描くために次第に雇用されるようになったのである。

十五世紀後半から十六世紀前半にかけて木版画は多くの優れた植物誌、動物誌、解剖図集、工学書などの本の挿絵として重宝され流行した。ただ、木版画は木版という木材の形態に制限されざるをえなかったため、サイズは小さいものになりがちであった。しかし、木版画の最盛期であった十六世紀初頭を過ぎると、宗教改革期におけるカトリックとプロテスタントの誹謗中傷合戦に多用されたプロパガンダ用のビラなどは別にして、木版画の生産量は少なくなっていく。かわ

図５　「マンドラゴラ」の図。ヨーハン・シェーンスペルガー著『植物標本集』1485年頃より。マンドラゴラの根は悪魔に憑依された人間に治療効果があるとされた。また地面から引き抜くときには死臭が漂うとも言われていた。

図6　クラスパン・ド・パッセ（子）作「ひまわり」。『花の庭』1614年より。ひまわりは北アメリカ原産の花で、現在はありふれたものだが、当時は「最も珍しく、最も素晴らしい花の一つ」（ド・パッセの言葉）であった。この作品は、18.8×28 cmの大きさである。

りに多用されるようになったのが銅版画であった。

凸版である木版画は線として印刷する線の両側をすべて削る必要があったために線の太さが一定ではなく、途中で切れることもあった。しかし銅版画はよく磨いた薄い銅版にビュランという道具で線を刻んで制作する凹版であり、緻密な表現に適していた。出版業者は細かい文字も書き込むことができる銅版画をもっぱら使うようになっていく。銅版画の使用によって、木版画では実現困難であったページ全体の挿絵化が可能となった。そして十七世紀初頭には、観賞用植物の絵を順序立てて描いた花譜集が現れ始めるのである（図6）。

正確な植物描写の追求

植物誌における挿絵制作が画家によって担わ

れていった具体例を見てみよう。

ドイツの植物学者にして神学者・医者であったオットー・ブルンフェルスは、近代的な生物分類法の基礎を築いた十八世紀スウェーデンの植物学者リンネをして「近代植物学の父」と言わしめた人物で、『植物活写図』（一五三〇年）を著したことで知られる。これは伝統的な薬用植物誌でありながら、写実的で迫真性に富んだ挿絵で非常に有名になったものである。この書の挿絵を手がけたのは著名な画家であったハンス・ヴァイディッツであり、シュトラースブルクの出版業者ショットに雇われ挿絵制作にたずさわった。

実は、この著作が完成するまでの主導権は画家に握られていた。画家がデッサンを描き、それをもとに彫版師が彫るわけだが、このような準備作業の進捗具合に著述のプランは左右された。ブリュンフェルスは書物のなかに自分の計画通りに植物を配列することすらできなかったのである。ブリュンフェルスはある友人への手紙のなかで、自分自身の執筆の締め切り以上に挿絵のそれに注意がもっと払われるべきだと記している。また、ヴァイディッツは「枯れた標本」を描くことが何度もあったので、ブリュンフェルスの不評をかった。しかし皮肉にもヴァイディッツの挿絵は非常にリアルで緻密であったので、『植物活写図』は大好評を得て後世に大きな影響を与えた。ブリュンフェルスの著述内容には新鮮さやオリジナリティがあまり見られなかったことを考えると、この植物誌の名を高からしめたのはヴァイディッツの功績と言えるだろう。

ドイツの植物学者・医者レオンハルト・フックスが一五四二年に著した『植物誌』は、フックス自身の観察にもとづいた約五百の植物の正確な図が使用されている点で画期的なものであった。植物の形態・産地・採集最適時期などが記され、美しい木版画が挿入されたこの書は、後世の植物図鑑のモデルとなった。フックスは挿絵を制作するにあたって、自分で画家を雇い、本のどこに、どのように植物を描くのかを厳密に指示した。『植物誌』には、二人の画家ハインリヒ・ヒュルマウラーとアルブレヒト・マイアー、そして彫版師ヴェイト・ルドルフの肖像画を掲載したページがある。正確な植物描写を手がける画家たちを尊重していた証左であろう。

もう一人、具体例を挙げよう。スイスの博物学者・医者コンラート・フォン・ゲスナーは大著『動物誌』五巻を著したことでよく知られている。哺乳類・鳥類・魚類を扱った四巻は一五五一年から五六年にかけて、爬虫類を扱った第五巻は死後の一五八七年に出版された。この書は当時の博物的知識の集大成であり、近代動物学書の原点と言えるものだ。動物誌については後述するが、ゲスナーは植物誌である『植物学大全』二巻（一五五一―一五七一）という書も著している。ゲスナーはフックスと同じように画家を雇っただけではない。彼自身がデッサンと水彩画の修練を積んで自身で描いたのである。『植物学大全』には自ら描いた約千五百の図が掲載されている。

このように十六世紀前半になると正確な植物描写が希求され、リアルな挿絵が植物誌に掲載されることにより、ヨーロッパ人の知の世界を現実性と客観性という色彩で染め上げ始める。それは近代的な学問としての植物学への一歩であった。だが、その「染色」の進み具合は緩慢なものであった。言うまでもなく、古代・中世以来の驚異は未だに健在であったからだ。いや、言い直した方がよいだろう。健在というよりはむしろ、新大陸から到来する珍奇な情報によって驚異は活気づき増殖していたからだ。

怪物的な植物

植物と動物が異なる生命であることについて、アリストテレスを含む古代ギリシア・ローマの学者たちは認識していた。しかし、植物が生長して動物に変成するという奇妙奇天烈な話、すなわち「驚異」も信じられていたのである。このような状況は中世を経て、近世に至っても変わらなかった。たとえばフランスのムランの下級裁判所の裁判長であったクロード・デュレが一六〇五年に著した『自然における驚異的かつ奇蹟的な植物と薬草に関する驚くべき話』には、「スキタイの仔羊」についての記述がある（図7）。デュレは言語の歴史や王国・帝国の栄枯盛衰、また潮の流れに関する著作を残していることからわかるように、様々な領域に関心をもつ「知的好奇心」に満ちた人物であった。

「スキタイの仔羊」とは、タタール人あるいはスキタイ人の居住する土地に生育すると信じられていた「植物」である。仔羊を意味するタタール人の単語を使ってバロメッツあるいはボロメッツとも呼ばれた。これは茎上で生育する羊毛をまとった生き物で、周囲の草を食べて栄養を摂取する。草がなくなってしまうと仔羊は衰弱し死んでしまう。しかし、他の植物と同様、種子で繁殖するのである。

図7 「スキタイの仔羊」の図。クロード・デュレ著『自然における驚異的かつ奇蹟的な植物と薬草に関する驚くべき話』1605年より。

デュレが取り上げているもう一つの怪物的な植物は、「軽信」と呼ばれる樹木だ。その果実あるいは葉は水面に落下すると魚に、地面に落ちる場合は鳥に変化する。この驚異にはいくつかのヴァリエーションがあり、たとえば水面に落ちる果実が鵞鳥に変化するケース、また海に浮かぶ樹木に付着する貝殻から鵞鳥が孵化するケースがある。「バーナクル・ギース」（あえて直訳すれば、鵞鳥貝）と称されるこのような驚異は、すでに中世以来、数多くの写本や印刷本で言及されてきたものであったが、ときにその実在を否定されつつも、十六、十七世紀になっても植物誌をはじめ、驚異や自然史に関する文献、そして地図など広範な資料において姿を現し続けたのである（図8）。

デュレの『驚くべき話』は、植物標本につ

図8 「バーナクル・ギース」の図。『動物寓話集』13世紀前半より。

いての体系的かつ客観的な研究が確立するまえの植物誌であるからこそ、「スキタイの仔羊」や「バーナクル・ギース」のような古い時代の植物に関する伝承も併載されていたのである。これらの植物伝承は、ルネサンス期および近世の思潮であった新プラトン主義の宇宙観である「存在の偉大な連鎖」という考え方に馴染むものだった。この考え方によれば、神が創造したものはすべて連鎖しており、進化の連鎖に切れ目はなく、種のあいだに明確な境界線は存在しない。このような考え方が「スキタイの仔羊」や「バーナクル・ギース」のようなハイブリッドな植物と親和性があることは明らかであろう。「怪物的な植物」は植物界と動物界の交差の産物にほかならないと信じられていたのである。

動物誌の変容

十六世紀中頃から十七世紀中頃にかけて動物誌にも大きな変化が見られた。一五五〇年頃までの動物誌は古代ギリシア・ローマ時代以来、連綿と受け継がれてきたもので、約千五百年のあいだほとんど変化の見られないものであった。観察と解剖にもとづく分類と記述を特徴とする動物学の基礎を築いたのがアリストテレス、そして動物行動学的な要素を加味したのがプリニウスであった。しかし、一五五〇年頃以降、このような伝統の蓄積を土台としながらも、新大陸をはじめ異境で発見された新種の動物に関する記述が付け加えられ、動物に関する新たな分類体系が模索されるようになる。

その最初期の代表例が「動物学の父」と称されるゲスナーの『動物誌』である。ゲスナーはアリストテレスとプリニウスに代表される古代の学者たちの文献に大幅に依存しながらも、最近新大陸で発見された幾種類かの動物について付け加えている。またゲスナーの『動物誌』の斬新なところは、膨大な量の図版を挿入したことであった。ゲスナーは全四千五百頁のなかに千の木版画を配置したのである。視覚化することで客観的な情報を読者に提供しようとしたと言えようか。

ゲスナーが異境の地で発見された動物として取り上げている例をいくつか挙げよう。たとえば、第一巻で取り上げられているオポッサムだが、これは下腹部に底の浅い育児嚢《のう》を持ち、子どもが未熟なうちはそこに入れて育てる。そしてある程度成長すると背中に乗せて移動するのである。

アメリカ大陸に棲息するこのような生きものはヨーロッパでは知られていなかった。また第二巻では、極楽鳥がふれられている。この鳥は東インドからマゼランの船団の船乗りたちがヨーロッパに帰還して初めて知られたものであった。さらにラテン語増補版や一五六三年のドイツ語版には、いずれも中米や南米に棲息するナマケモノ、アルマジロ、テンジクネズミ、マーモセット（キヌザル）などが取り上げられている。

このように十六世紀後半以降、新種の動物がヨーロッパの知的世界に続々と流入してくるわけだが、それらはまずは「驚異」として認識されるものであった。ゲスナーが『動物誌』を著した時期と同じ頃、ドイツの人文主義者コンラート・ヴォルフハルト、通称リュコステネスが著した『驚異と前兆の年代記』（一五五七年）は終末論の観点から怪物の増殖を説くもので、怪物の誕生を神の怒りの現れとみなし、禍事《まがごと》が起こる前兆と解釈する立場をとっている。リュコステネスのラテン語原版は知識人階層に大きな影響を与えたが、やがてドイツ語と英語に翻訳され、また掲載されている事例は図版とともに数々の俗語に翻訳され、知識人以外の人々のあいだにも瞬く間に幅広く普及したことで知られる。リュコステネスの著書には半獣半人、蛙の形状の頭部を持つ赤ん坊、全身毛むくじゃらの野人、三本脚の鶏など文字通りの怪物、すなわち驚異の事例が満載されている。しかし、同書のなかに、オポッサムやオナガザルといった異境の新動物についての記述が見られること、すなわちゲスナーの関心と重なる箇所が少ないながら存在することを忘れてはならない。

このことが意味しているのは、発見された新種の動物をどのように理解したらよいのかという問題についてある種のとまどいがあったということだ。それらは古代ギリシア・ローマ時代以来の伝統的な動物誌の範疇には見出すことができないため、通常の動物とみなすことは難しい。したがって怪物という驚異の範疇に属するものとみなされるが、これらの生き物が新大陸などの異境の地においてはその動物相の一角を占めているのも確かなのだ。それは動物なのか怪物なのか。こうした新種の動物をめぐる解釈上の困難は、その命名法に端的に表れている。たとえばオポッサムはラテン語でシミウルパ（simivulpa）と表記されるが、これは半猿半狐を意味する。ナマケモノはアルクトピテクス（arctopithecus）で半熊半猿を意味する。ヨーロッパでも実在が確認できる動物のハイブリッドとして異境の動物が解釈しなおされているわけである。この例に見るように、新種の動物を従来の動物体系とどのように折り合わせ、またそこに組み入れていくのか、この難問と近世の知識人たちは格闘していくことになる。

様々な動物誌

後世に影響を与えた同時代の動物誌については、ゲスナーの『動物誌』以外に次のものがある。フランスのピエール・ブロンは、トゥルノン枢機卿に仕え、エジプトや中近東に三年間赴き、これらの地域の植物相や動物相を実際に目にした人物である。アメリカ大陸や東インドの動物に関する情報も手に入れていたようだ。一五五一年以降、ブロンは異境の地で目撃した結果を公刊し始めた。それらには、ときに自ら描いたスケッチにもとづく木版画が挿入された。『奇妙なる海の魚の自然誌』（一五五一年）には、カバ（アフリカのサハラ砂漠以南に棲息）、アオイガイ（温帯・熱帯の海に棲息）、オウムガイ（フィリピン以南の珊瑚礁に棲息）などが、『いくつもの奇妙なる事物と記憶すべき物事についての観察』（一五五三年）には、カメレオン（北アフリカ、マダガスカル島、インドなどに棲息）、ジェネット（アフリカ産ジャコウネコ）、エジプト・マングースなどが記載されている。さらに一五五五年に出版された『鳥の自然誌』には「インドの雄鶏」、すなわち北アメリカ原産の七面鳥が掲載されている。添付された図版は、七面鳥を描いた最初のものであった（図9）。

図9　「七面鳥」の図。ピエール・ブロン著『鳥の自然誌』1555年より。

　ブロンの著書以上にエキゾチックなのがフランスのフランシスコ会修道士アンドレ・テヴェが著した『南極フランス異聞』（一五五七年）である。テヴェは一五五五年、フランス王国のブラジル植民計画に従軍司祭として参加した人物である。同年十一月から翌年一月までという短いブラジル滞在であったが、帰国したテヴェはこの体験と

図10「スー」の図。アンドレ・テヴェ著『南極フランス異聞』1557年より。

過去に訪れた中東・地中海地方の体験、そして読書で得た知識を織り交ぜて『南極フランス異聞』を執筆した。そこには大きなくちばしを持つ鳥オオハシ、ナマケモノ、バッファローのほか、スーという得体のしれない動物に関する記述がある（図10）。

またテヴェはブラジルに居住するトゥピナンバ族についても述べている。トゥピナンバ族は、当時のヨーロッパ人に対して「食人種としてのインディオ」像を強烈に植えつけた存在であった。テヴェは一五七五年に『普遍的宇宙誌』を出版するが、そこにはすでに『南極フランス異聞』で取り上げられていた多くの図版や記述が盛り込まれた。テヴェの著作は異境の驚異に関する情報の継受という点で、パレの『怪物と驚異について』に大きな影響を与えたので次節以降で詳しく見ていくことにしたい。

十七世紀になると、イタリアの博物学者ウリッセ・アルドロヴァンディの浩瀚な『自然誌』が公刊された。それは一五九九年から一六四八年にかけて、十二巻にまとめられた。この書は自然界のすべてを包含しようとしたものであり、珍奇な動物にも通常の動物と同様の紙幅が割かれた。そこには一六〇〇年までに発見された動物が掲載されている。たとえば異なる四種のカメレオン、五種の極楽鳥、さらにパカ、テンジクネズミ、カンガルーネズミを含む南アメリカに棲息する異なる五種の齧歯《げっし》類であった。

一方、ライデン大学の植物学教授であったシャルル・レクルーズが一六〇五年に出版した『珍奇の書十巻』には異境の最新の動物情報が記載された。たとえばインド洋のモーリシャス島などに棲息していたドードー、南アメリカなどの寒地に棲息するペンギンのほか、ナマケモノやキヌザルなどすでに発見されていた動物も、より正確に修正された形で記載された。

イエズス会修道士のファン・ニーレンベルクが著した『自然誌』(一六三五年)は、アメリカ大陸の事例をもっぱら扱ったものである。ただしニーレンベルクは、その情報を十六世紀前半にパナマやニカラグアを探検したフランシスコ・エルナンデス・デ・コルドバの未公刊の手稿やアメリカ大陸に在住する仲間のイエズス会宣教師から得た。『自然誌』にはアルマジロや草食・水性哺乳動物であるマナティー、またキタオポッサムが記載されている。

以上いくつか挙げてきたような動物誌が異境の動物に関する当時の知識の原典となった。そしてこうした原典にもとづいて「驚異の部屋」で陳列される品々が選択されたのである。近世という時代に盛んに執筆され公刊された動物誌や植物誌だが、その執筆を突き動かした動機こそ、見たい、知りたいという気持ち、すなわち「好奇心」であろう。では、中世において価値を貶《おとし》められていた好奇心は、近世においてどのように認識されるようになったのだろうか。このことを検証するべく、テヴェの『南極フランス異聞』を紐解くことにしたい。

テヴェと新大陸の植物

『南極フランス異聞』は一五五八年に再版がアントウェルペンで、一五六一年にはイタリア語訳がヴェネツィアで出版され、さらにこの翻訳は一五八四年にも再版された。同書が好評であったことがわかる。その内容は、十六世紀後半のヨーロッパにおいて認識されていた新大陸をはじめとした異境由来の驚異がどのようなものであったのかを教えてくれる。むろん、そこには真偽入り混じる情報が盛り込まれていることに十分に注意しておく必要がある。

『南極フランス異聞』にはところどころに木版画が挿入されており、そのなかに植物や動物を描いたものが見られる。まず、植物に関する二つの例を見てみたい。

第三十三章「パクウェルという名の木について」のなかでテヴェは次のように述べている。

> このような木はわが国にも、ヨーロッパ全土にも、アジアにもアフリカにも見られない。原住民がパクウェルと呼ぶところのこの木は、おそらくこれまで知られた木の中で最も驚くべきものである。

テヴェに驚異の念を引き起こしたのは、果実を含むこの植物の形状であった。木の高さは一ブラス〔約一・六メートル〕ほどしかなかったが、葉は「幅二ピエ〔約六十センチメートル〕、長さは一ブラス一ピエ四ドワ〔約二メートル〕もある。これが真実であることは私の保証するところである」。木の高さよりも葉の方が長いのだ。

果実については、こうである。

この木の果実は長さがたっぷり一ピエ〔約三十センチメートル〕あり、他に比べてずっと長く、また太いところはきゅうりのようで、形もほぼそれに似ている。彼らの言葉でパコナと呼ばれるこの果実は、熟すと非常に味がよく、また消化もよい。(……) 一本の木に三〇から四〇かたまって実るが、幹の上端に生える小枝のところにびっしり並んでいる様子は、ここにかかげる図によってご覧いただけよう(図11)。

この植物はバナナだ。

テヴェにとって、バナナは「驚くべきもの(admirable)」であった。

ここで言葉について整理しておくと、テヴェがここで使用しているフランス語のadmirableはラテン語に由来する。そして中世ラテン語で「驚異」を意味するadmiratioという言葉の語根はmirであり、「見ること」を意味する。さらにこれはインド゠ヨーロッパ祖語にまでさかのぼる

図11　「パコナ」の図。アンドレ・テヴェ著『南極フランス異聞』1557年より。

と「微笑む」という意味合いを持っている。一方、admiratioという言葉はロマンス諸語に影響を与え、フランス語の場合、十二世紀における「メルヴェイユ（merveille）」という言葉の誕生に、また英語への影響では中期英語（一一五〇年頃から一四七五年頃の英語）における「マーヴェル（marveyle）」という言葉の誕生と深く関わっている。ちなみに、中世のドイツ語（アングロ＝サクソン語、古フリジア語、中高ドイツ語）で驚異を意味する「ヴンダー（wunder）」はインド＝ヨーロッパ語のuen（欲望する）に由来する。このように驚異をめぐる言葉の関連性を見ると、驚異という観念が「見たいという欲望」に深く結びついていることがわかる。それは好奇心の内実ときわめて似ているように思える。テヴェの好奇心に対する考え方については後ほどふれたい。

　テヴェが取り上げているもう一つの例としてパイナップルについての記述を確認しておこう。第四十六章「アメリカで最も多く見られる病気、およびその治療のために用いられる方法について」でテヴェは次のように述べている。「私の見たところ、彼らは昼も夜も裸で暮らしているにもかかわらず、わが国の人たちほど頻繁には病気に罹らない」。そのわけをテヴェはインディオたちの食習慣に求める。暴飲暴食をしないこと、腐敗した果物を食べないこと、よく焼いた肉を食べること、これらが病気に罹患しない理由だが、さらに次のように付け加える。

> そのうえ、薬用にする木や果物の特性を調べることに非常な関心を持っている。彼らが病気のとき最もよく利用する果物はナナと呼ばれるものである。これは中ぐらいの南瓜の大きさで、ここにあげた図でご覧のとおり、外まわりは松の実のような様子をしている。熟れると黄色くなり、香りも味も驚くほどすばらしく、砂糖以上に甘い（図12）。

テヴェは異境の地で生育するパイナップルの香りと味を「驚くほど（merveilleusement）」と〈驚異の言語〉で語る。

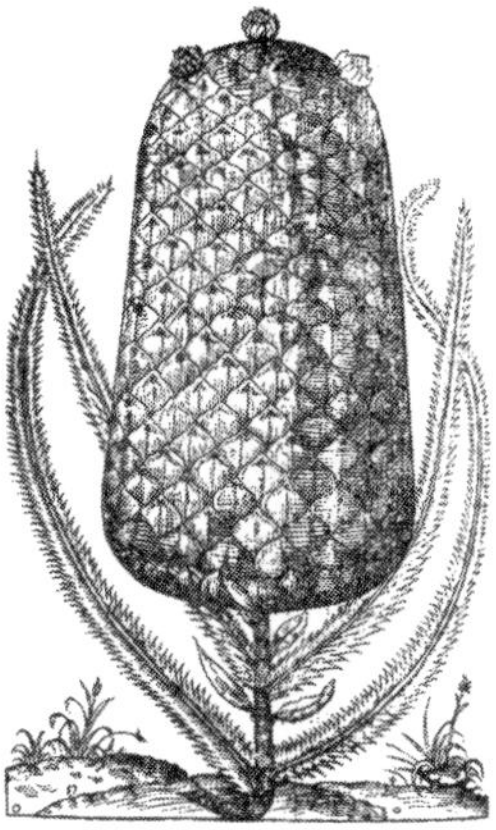

図12 「ナナ」の図。アンドレ・テヴェ著『南極フランス異聞』1557年より。

以上のように、ヨーロッパ本土には存在しない植物が新大陸で発見され、それはヨーロッパ人にとっては驚異にほかならなかった。そしてその情報はテヴェの『南極フランス異聞』のように文章化されるとともに図版を添えられ視覚化されることによって、ヨーロッパ人の知的世界のうちに編入されることになったのである。植物について起こったこのような一連の事情は動物についても同様であった。

テヴェと新大陸の動物

動物については、図版を添えた次のような例がある。第五十二章「アユという名のかなり奇妙な動物について」で取り上げられているのはナマケモノである。南アメリカの森林に棲息するこの動物はヨーロッパに住むテヴェにとって「奇妙な」ものであり、「見たことのない人には信じられないような形をしている」ものだった。テヴェは次のように述べている。

大きさはアフリカの大尾長猿ぐらいで、腹は地面すれすれにまで垂れ下がっている。(……)頭は赤ん坊の頭にそっくりで、顔もよく似ている。捕えると、赤ん坊が痛がっているような泣き声を出す。皮は灰色で小熊のように毛が密生している。足には爪が三本しかないが、この爪は長さが四ドワ〔約八センチメートル〕あり、鯉の背骨のような形をしている。この爪で木によじ登るのであり、地上にいるときよりも木の上にいることの方が多い。尾の長さは三ドワほどで〔約六センチメートル〕ほどで、ほとんど毛が生えていない。

そしてテヴェは、「そのありのままの姿を写したつぎの図でおわかりいただけるように」と図を指し示すのだが、それは現実のナマケモノとは到底思えない（図13）。それはまさに人頭獣身の怪物である。

文章で表現するだけでなく「図像化＝視覚化」することによって、新大陸に棲息する実在する動物の「怪物化」が起こっているわけだ。テヴェは異境の地で自分の目で見たものを自ら素描し、それを専門の版画家に渡して著書の図版としたとされている。テヴェが専門的な画家ではないことに加えて、実物を見たことがない版画家がテヴェの素描をもとに版画を制作することによって「怪物化」はさらに進行したと言えるだろう。

テヴェがナマケモノを驚異の相で認識していたことは、第五十二章の最後の部分の表現から読み取ることができる。

図13　「アユ」の図。アンドレ・テヴェ著『南極フランス異聞』1557年より。

以上、自然の驚くべき（admirables）事実をいくつか述べてみた。実に、自然は好んで大規模に多種多様な事物、人間にはほとんどの場合理解できないような驚くべき（admirables）事物を作り出すのである。

テヴェがナマケモノを驚異として位置づけ、初めてそれを図像化したことは同時代の学者にも影響を与えた。ゲスナーは『動物誌』（一五六三年）でナマケモノを取り上げて、「アルクトピテクス」すなわち「熊猿」と命名し図版を添えているが、それはテヴェの著作に掲載されているものとほぼ同じである（図14）。

次の例は、南アメリカからヨーロッパに帰る途中に寄港した北アメリカのフロリダ半島で遭遇した動物についての記述だ（第七十四章「フロリダ半島について」）。

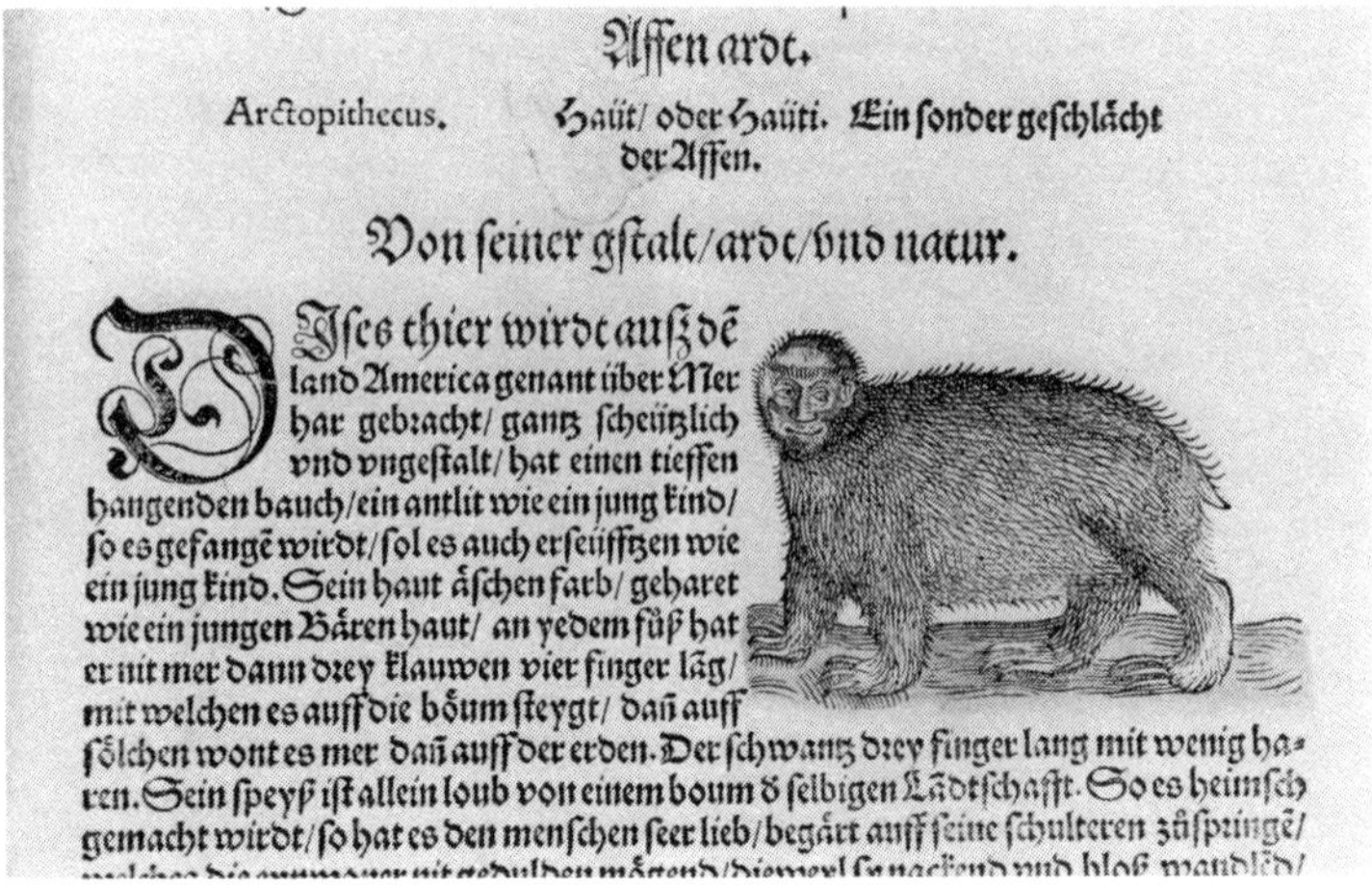

図14 「アクトロピテクス（まなけもの）」の図。コンラート・ゲスナー著『動物誌』1563年より。

このフロリダの地とパルム川との間には、さまざまの種類の怪物的な野獣がいる。その中に、一ピエ［約三十センチメートル］の長さの角を持ち、背中には駱駝のような瘤《こぶ》

図 15 「怪物的な野獣」の図。アンドレ・テヴェ著『南極フランス異聞』1557 年より。

を持つ大きな牛の一種がいる。長い毛が身体中を覆い、色は鹿毛の騾馬《らば》の色に似ているが、顎の下の毛は一段と濃い色をしている。あるときこの動物を二匹、生きたままスペインに連れて来た人がいて、私はそのうちの一匹の皮だけを見たが、二匹ともスペインでは長く生きていることができなかった。人の語るところによると、この動物は馬の不倶戴天の敵で、馬のそばにいることは我慢できないそうである。

この野獣は、おそらくバッファロー（アメリカ・バイソン）のことであろう。テヴェはこの動物を「怪物的な（monstrueuses）」と表現するのである。この動物についても図像が添えられているが、バッファローの写実的な描写とは言い難い（図15）。これまた、まさに怪物である。

奇形・怪物・彗星への眼差しと自然

以上は、実在する新大陸の動物が文章で記述され、図版によって視覚化されることによって、いわば「怪物化」された事例だが、テヴェは文字通りの怪物、および奇形についても論じている。その筆致は、驚異と怪物の様々な原因を分類・列挙した後述のパレのものと比べるときわめて淡白である。もちろん、テヴェが『南極フランス異聞』を書いたのは驚異論・怪物論を展開するためではなかったという大前提をおさえておかねばならない。

テヴェは第三十一章「未開人たちが毛深いと考えている人びとの論を駁す」のなかで、次のように述べている。

もしたまたま、多くの赤ん坊のなかの一人が獣のような体毛を生やして母親の胎内から産まれ、成長するにつれてその体毛がふさふさと身体全体を覆うようなことが起こったとしても、それはフランスでも見られ得ることであり、頭が二つある赤ん坊などといった現象と同じように、自然の不幸な出来事の一つなのである。

多毛症の子どもとシャム双生児の誕生が「自然の不幸な出来事」と捉えられているわけだが、この表現はこのすぐあとで別の表現に言い換えられている。「私はノルマンディで、鯉のように全身を鱗《うろこ》で覆われた赤ん坊を見たことがある。これらは、自然の欠陥なのだ」。

このようなテヴェの表現は、怪物を「脱自然」、驚異を「反自然」として認識していた当時の一般的な思潮を考えると特異である。たとえばパレは次のように述べているのだ。

怪物とは、一本腕、二つの頭部、また普通の水準を超えた手足を持って産まれてきた子供のように、自然の流れを脱して現れるものである（大抵の場合、来るべき何らかの不幸の徴である）。驚異とは、蛇や犬、あるいは自然にまったく反するものを出産する女のように、自然にまったく反して起こるものである。

つづけてテヴェは怪物について、「サテュロスと呼ばれる、森に住み、人間の形をしながら野獣のように毛の生えた怪物の存在を認める」と断言する。しかし、サテュロスのほかファウヌス（山羊の角と足をもつローマ神話の神）、ニンフ、ドリュアデス、ハマドリュアデス、オレイアデスといった、詩人たちが述べている「怪物」たちは、「今日では昔と違って姿を消してしまった」。ドリュアデス以下の三つの「怪物」はギリシア神話で森・樹木・花・川・泉などの精であるニンフの一種である。テヴェは異教の神々を怪物として認識していたのである。ではなぜ、現在、そのような怪物はいなくなってしまったのか。テヴェの考え方はいたって「楽観的」である。

昔は悪霊が人間を欺こうとしてあの手この手を使い、さまざまな姿に化けたものであったが、われわれの主が、われわれを憐れんで人間界に御降臨なさって以来、今日ではこうした悪霊たちは放逐され、われわれには彼らをうち負かす力が与えられたのは、聖書に示されるとおりである。

テヴェが言うように、確かに、「怪物としての異教の神々」はキリスト教の神によって社会の前景からは退場させられたのかもしれない。しかし、十六世紀後半のヨーロッパ社会では、異教の神々はたとえば占星術と結びつく形で生きながらえていたのである。また、次章で見ていくように、怪物は十六世紀後半のヨーロッパ世界を跳梁跋扈していたのである。

テヴェはさらにつづけて「アフリカには或る種の異形の怪物がいる可能性があるが、それはこの書物の最初の方で述べた理由によるものである」と述べる。テヴェが言っているのは、第三章「アフリカ全般について」のことだ。そこには次のように記されている。

アリストテレスは、獣類はアジアでは残忍、ヨーロッパでは強壮、アフリカでは怪物的だと言っている。水が少ないため、さまざまな種類の動物たちが、水の出るところにどうしても多く集まってくることになる。そして熱さのために気が早く、尻が軽くなって、しばしば異種同士が交り合う。その結果、一匹の体の中にさまざまな種が混在している怪物的な動物がいろいろ産まれてくる。

本書の第一章で見たように、アリストテレスは動物の妊娠期間の違いから異種混合の怪物は認めていなかった。テヴェはアリストテレスの当該箇所を誤読しているか読んでいないのだろう。以上のような怪物に対するテヴェのある種「楽観的」な姿勢は、驚異としての彗星に対しても見て取れる。

テヴェはブラジルからヨーロッパに帰る途中で北アメリカのフロリダ半島に立ち寄っているが、上陸するおそらく十日ほどまえに彗星の飛来を目撃している。テヴェはこう述べる（第七十四章「フロリダ半島について」）。

そのすぐ後でまた別の前兆が現れたが、それは東か北に向かう彗星であった。私はこうした前兆の解釈については、占星学者たちや各人の経験におまかせする。

彗星を目撃するまえに体験した前兆というのは、「見はらす限りの海が草によって、またところどころは花によってさえ覆われているのを見た」というものだが、これら二つの前兆に対してテヴェは明確な判断をくだしていない。それらがフロリダ半島に到着することに関する吉兆なのか凶兆なのかわからないのだ。「驚異としての彗星飛来」に対して判断を放棄しているとも言える態度である。

テヴェは近代合理主義者の先駆けか

奇形・怪物や彗星に対するテヴェの姿勢は十六世紀後半という時代において、時代を先取りしているようなところがある。

奇形を「自然の不幸な出来事」「自然の欠陥」と位置づける考え方は、神と自然を切り離し、自然を自律的なものとみなしているとも言える。テヴェの立場に立てば、「自然、すなわち神」という聖アウグスティヌスの言葉は無効となってしまう。また、怪物はこの世から消え去り、彗星は禍事が起こる兆しではない。テヴェには、このように、ある意味で近代合理主義的な思考の芽生えのようなものが見られる。先にふれた、第三十一章で言及されている多毛症の子どもの誕生の話も、新大陸のインディオたちの俗説的イメージを打破するために言及されているものだ。

われわれが未開人と呼ぶところのこれらの人間たちが、森や野原でほとんど野獣のような生き方をしているために、熊や鹿やライオンと同様彼らも身体中毛で覆われているのだ、と間違って思い込んでいる人たちが大勢いる。そして、彼らをそうした姿で仰々しく絵に書いたりする。

テヴェはこのようなインディオのイメージに対して、「だが、これはまったくの誤りである」と反論する。その根拠はテヴェ自身の経験だった。「私は、この目で実際に見てきただけに、真実を知っていて、はっきり断言できる」。インディオの「肌はわがヨーロッパの赤ん坊と同じようにきれいですべすべしている」のだ。当然、成長するに従い体毛が生えてくるが、インディオは「頭部だけは別として、他のどの部分の毛でも、彼らは爪でもって引き抜いてしまう。それほど彼らは、男でも女でも、毛が生えるのを嫌がるのである」。テヴェは自分の目で見たことをもとにして、インディオの俗説的イメージを批判するのだ。

そして次のようにテヴェは断言するのだが、それはすでに見たナマケモノやバッファローの図版を思い出すとテヴェのスタンスに疑問符がつくことは否めない。

だから、読者よ、今後は世の通念や画家の描いた絵などを本当だと信じ込まないでいただきたい。詩人に勝手な物語をこね上げるのが許されるように、画家にも好き勝手に物事を描き出す大きな自由が許されているのである。

テヴェが生きたのは十六世紀という時代であった。この時代相を考えなければならない。つづく十七世紀とならんで、ヨーロッパ世界は中世から近代へと大きく変化していく時代のうねりのなかにあった。それはものの見方や考え方をはじめ世界観が大きく変容していく時代だったのである。このような時代であるからこそ、想像の世界と現実の世界とのあいだをたゆたう驚異の領域が拡大したのだ。テヴェのスタンスはこのことを裏書きしていると言えるのではあるまいか。

火山噴火は驚異か自然現象か

同様のことは、火山の噴火に関する解釈にも見ることができる。第十五章「火の島について」の冒頭でテヴェは次のように述べている。

まだほかの変わった珍しいことの中で、私は火の島のことを書き落とすわけにはいかない。この島は絶えず火焔を吐き出しているのでこの名がつけられたのであるが、その有様は、もし古代人がこれを知っていたなら、必ずや彼らが奇蹟(miracle)的な珍奇(singularité)として上げているものの中に、ウェスウィオス山やエトナ山と並べてこれを数え入れたであろうほどである。彼らはウェスウィオスやエトナの火山の驚異(merveilles)を、真実のこととして語っている。

この「火の島」とは、アフリカ大陸西端のヴェルデ岬から千キロメートルほど西方に存在するヴェルデ岬諸島のなかのフォゴ島のことだ(図16)。

フォゴはポルトガル語で火を意味し、実際にフォゴ島には活火山がある。奇蹟と驚異という言葉が互換的に使用されていることに注意しておこう。一読すると、テヴェは火山の噴火を奇蹟あるいは驚異として認識しているように思われるのだが、真意はその反対である。古代人ならばそのように判断したであろうと述べているのだ。

テヴェは前記引用箇所の少しあとで次のように述べている。「私がここで述べようとしている島は周囲が約七リュウ〔約二十八キロメートル〕ある。火の島と名づけられたのはいかにももっともである」。というのも、「山の頂上からひっきりなしに焔を吹き出し」ているからだ。火焔は空高く吹き上がるため、四十リュウ（百六十キロメートル）離れた海上からも見えるほどで、この島のことを知らない船乗りは恐怖にとらえられる。

図16「フォゴ島」の図。アンドレ・テヴェ著『南極フランス異聞』1557年より。

テヴェの客観的な自然観察の態度が見られるのは、これにつづくくだりである。

> この焔にはなにか硫黄くさいいやな臭いが伴っていて、山腹に硫黄の鉱山があることを示している。だとすれば、こうした火の様子を摩訶不思議なものとみなしてはならない。これは哲学

者たちが示してくれるように、自然の出来事なのである。こうした場所には硫黄その他の非常に熱した鉱物がいっぱいつまっていて、そこから火に似た熱くて乾いた蒸気が発散する。空気が存在しなければこのことは起こらない。

後述するように、火山噴火を驚異とみなすのが当時の一般的な風潮であったことを考えれば、テヴェの解釈は一歩時代の先を歩んでいるような感がある。

驚異としての悪魔崇拝者インディオ

一転して、テヴェの典型的な「十六世紀ヨーロッパ人的性格」を教えてくれるのがインディオに関する描写である。インディオに対するテヴェの記述は魔術・魔女、そして好奇心の問題にまで射程が及ぶので注意して見ていくことにしよう。

第三十五章「このアメリカ人たちの、夢や幻覚について、および彼らが悪魔につきまとわれ、責めさいなまれることについて」の冒頭で、「驚くべきことに（admirable）」と〈驚異の言語〉で切り出すテヴェは次のように述べる。

これらの哀れな住民たちは、真の理性を働かせる力を持たず、また神の知識を持ち合わせないので、分別がないのであるが、一方ではさまざまな異様な幻覚にとらえられ、悪魔に責めさいなまれるのである。

アニャンという名で呼ばれているこの悪魔は、昼夜問わずインディオを打擲《ちょうちゃく》し痛めつける。悪魔は「魂ばかりでなく肉体にも害を与える」のだ。

テヴェはこうした話を初めて知ったとき半信半疑であったが、実際に自分の目で、あるキリスト教徒がイエス・キリストの名を唱えてアニャンを追い払う現場を見たことがきっかけで真実のこととして認めるに至った。このように悪魔につきまとわれ責めさいなまれる現象はブラジルだけでなく、カナダやギニアでも見られると言う。

テヴェはさらに次のように続ける。「わがアメリカの未開人たちは、理性に欠け真理を認識することができないので、さまざまな狂気や錯誤に非常に陥りやすい」。具体例として挙げられるのは、夢に出てきたことを将来現実のものとなると考えることだ。インディオが敵に勝った、あるいは負けた夢を見て現実にそうなると言い出した場合、そのようなことは起こるはずもないと諭そうとしても無駄である。彼らは「われわれが福音書を信じるのと同じくらいの確信でもってそう信じこむからである」。

悪魔に責めさいなまれ、狂気と錯誤に非常に陥りやすいインディオ――。このようなインディオの描写からは、「植民地主義者テヴェ」の姿が浮き上がってくる。そもそも「東方の驚異」に典型的に見られる中世の怪物が、異境に棲息すると想像された存在を徹底的にデフォルメした、あるいはハイブリッド化したものとして表象されたものであったことを思い出そう。まさしく、「中世の怪物は、植民地主義者のはしりの心性の産物として理解されるかもしれない。すなわち、領土、国家、国民間の差別をシステマティックに創造するための青写真」〔Bildhauser & Mills〕と言えるのだ。ならば、テヴェにはこのことはいっそう当てはまるだろう。近世という大航海時代が始まった時代に生き、テヴェ自身がブラジルの地を踏んでいるのだ。また、テヴェが悪魔に責めさいなまれるブラジルとヨーロッパを次のように対置して表現していることを忘れてはならない。

ヨーロッパでも、われらが主キリストの到来以前には同様のことが見られたことは先に述べた。悪魔は、神の知識を持たない人間を誘惑し堕落させようと狙っているからである。かくして、これらの哀れなアメリカ人たちは、しばしば悪魔があれこれの姿をとって現われるのを見る。

ヨーロッパが悪魔から解放されたかのような印象を受ける言葉だが、先にもふれたようにテヴェはこの点についてもやはり「楽観的」である。しかし、あとで述べるようにテヴェもまた同時代の人々と同じように魔女の実在を信じていた。『南極フランス異聞』は異境の地を対象とした書物である。そのためヨーロッパ本土の事情はテヴェの意識の後景に退いていると言えるのかもしれない。

さて、テヴェはインディオの「別の間違った奇妙な考え」についても述べている。それはパジェと呼ばれる予言者に関することだ。インディオは夢を見ると、パジェにその内容を伝える。そしてパジェの下した解釈を真実とみなして行動するのである。このようなことは、「私たちの宗教」であるキリスト教の社会ではありえない。「夢占いに信を置くことは禁じられている」からである。

ここでまたもや、テヴェの植民地主義者的な眼が大きく開かれる。その眼差しは、インディオを偶像崇拝者と名指すことによって、正統的なヨーロッパ人・キリスト教徒の対極に位置する他者として位置づけ、さらに魔女と同類の存在に仕立て上げるものにほかならない。第三十五章の末尾をテヴェは次の言葉で締めくくっている。


再びアメリカの未開人に話を戻そう。彼らは上に述べた予言者を非常に崇拝し、彼らをパジェとかカライブとか呼んでいるわけであるが、このカライブというのは、だいたい半神という意味である。そして、彼らは古代の異教徒と同じくらい、正真正銘の偶像崇拝者である。

魔術と魔女と好奇心の断罪

キリスト教において、偶像崇拝は神以外の人あるいは物を神として礼拝することであり、大罪中の大罪とされた。旧約聖書『出エジプト記』第二十章における十戒の記述はよく知られていよう。神は人々に次のように命じていた。

あなたには、わたしをおいてほかに神があってはならない。あなたはいかなる像も造ってはならない。（……）あなたはそれらに向かってひれ伏したり、それらに仕えたりしてはならない。

テヴェはつづく第三十六章「悪魔と通じ合っているこの国の偽予言者や魔術師について、またアウアイという木について」の冒頭で前章の内容をふまえながら次のように述べている。インディオは「悪魔に責めさいなまれたり、夢に関して迷妄に陥ったりするだけでなく」、「さらに理性から逸脱し、パジェと呼ばれる彼らの一種の聖職者（……）を仲立ちとして悪魔を崇拝するのである」。

パジェあるいはカライブは「邪《よこし》まな生き方をする者たちで、隣人たちを欺くために悪魔への奉仕にはげむ」輩である。具体的に言えば、隣人間でいざこざがあった場合、その当事者の片方はこっそりとパジェに会いに行き、憎んでいる相手の毒殺を依頼するのだ。毒薬のもとになるのがアウアイの木の実である。

各村に一人か二人いるパジェは非常に尊敬され、インディオはこれを「ほとんど偶像視して崇めている」。そして部族間の戦争の勝敗など「何か或る大きな事柄について知ることが問題となる場合には、或る種の悪魔的な儀式と祈願が行われる」。事の次第はおおよそ次の通りである。新しい小屋が建てられ、その中に白い小ぎれいなベッドが置かれる。小屋には多量の食料品が運び込まれる。以上の準備が整うと村人たちがパジェを小屋に案内する。一人になったパジェはベッドに横たわり悪魔への祈願を開始する。やがて悪魔がパジェに予言を語る。こうして一連の儀式が終わると、パジェは小屋から出てきて村人たちに悪魔から聞いたことを「演説口調で（……）すべて語り伝える」のだ。

以上のようなインディオに見られる秘儀を、テヴェは「こうした間違った魔術（magie）」と表現している。以下に見るテヴェの魔術に関する考え方は、本書のテーマの重要な一角を占める魔女と好奇心の問題の探究にとってきわめて示唆に富み、重要である。テヴェは次のように述べている。いささか長いがそのまま引用しよう。

魔術が聖書によって禁じられているのは、理由がないことではない。この魔術というものには大別して二種類あることが分かる。一つは悪魔と交信するためのもので、〔他は〕自然の最も奥深い神秘を得るためのものである。一方が他方よりずっと悪質であることはもちろんであるが、両方ともにありあまる好奇心の産物であることには変わりはない。そして、われわれが、自分たちに必要なものは十分に所有し、神によってわれわれの理解可能な範囲が定められたその範囲内のことを十分理解している現在において、あまりにも強すぎる好奇心を抱いて、神がご自分以外のものにはその理解をお許しにならない自然の神秘まで探ろうなどという気を起こすのは何の役に立つのであろうか。こうした好奇心は、判断力の不完全さや、真の良き宗教に関する無知ないし欠落の証拠である。

ここにはアウグスティヌス以来の中世的な好奇心断罪の言説が見事に展開されていると言えるだろう。

非常に興味深いことだが、テヴェこそ「好奇心の塊」のように論評される人物であった。「アンドレ・テヴェは十六世紀フランスの旅行記作家で（……）若い頃からフランシスコ会派修道士となったが、生来好奇心が強く」［山本］、「非ヨーロッパ世界に対する飽くなき好奇心こそが彼の真骨頂である」［二宮］。そのようなテヴェが実のところ、「好奇心断罪派」なのであった。

このようなテヴェの例を見てわかるのは、新大陸という未知の世界を見たい知りたいという欲望を、好奇心という言葉によって自己認識するには十六世紀という時代は時期尚早であったということだ。当時は「好奇心の賞賛」と「知の発展」とが〈友好的な関係〉をまだまだ取り結べていない時代であったのである。

テヴェは先の好奇心断罪の箇所につづけて、ヨーロッパ本土における「魔術の繁茂」について言及し、慨嘆している。「どんなに驚いても驚き（émerveiller）足りないのは」、とまたもや〈驚異の言語〉を使いながらテヴェは次のように述べている。

法と秩序の行き渡っている国において、こうした浅ましいことがのさばるままになっていて、老いぼれの魔女が大ぜい、腕に薬草をかかえ、首に呪文を書きつけた札をぶら下げながら、熱病その他の病気を治すと称してあやしげな秘儀をさかんに執り行っていることで、これこそ厳罰に処せられるべき偶像崇拝にほかならないのである。

テヴェにおいて、「好奇心」と「魔術と魔女に対する断罪」とはワンセットになっているといってよい。

そしてこれはひとりテヴェだけに見られるものではなく、当時のヨーロッパ人の共通認識といってよいものであったと思われる。この問題については第四章で検討することにしたい。

以上、テヴェの新大陸の驚異にまつわるさまざまな見解を見てきた。では、本章の最後にテヴェの記述を取り込んでその内容をさらに充実させた、十六世紀の代表的な驚異・怪物論であるパレの『怪物と驚異について』の関連箇所を紐解き、十六世紀の驚異と好奇心の諸相についてさらに踏み込んで考えてみることにしよう。

パレと『怪物と驚異について』の重要性

パレその人と『怪物と驚異について』についてはこれまで幾度かふれてきたが、その重要性については十分に論じていなかったので、著作の内容を検討していくまえにこのことについてふれておこう。

パレは一五一〇年頃、フランス西北部メーヌ地方のラヴァル近郊に位置するブール＝エルサンで箱職人の家に生まれた。パレがどのような教育を受けたかさだかでないが、床屋外科医の徒弟として少年期を過ごしたことは確かである。

二十三歳頃になった一五三三年にはパリ第一の公的な病院であった「神の館《オテル＝デュ》」で外科助手として働いている。一五三七年頃からは軍医として戦場で傷病兵の治療にあたることとならんで、平和時にはパリで病人の治療に従事する二重生活を送るようになった。すでに一五三六年頃には床屋外科医の親方として認められていたが、一五五四年までに床屋外科医から外科医に昇格した。同年の八月には外科医の王立学校であるサン・コムの協会への入会を認められ、学士の称号を得た。そして同年の冬には修士号を得ている。一五六三年以降はフランス国王シャルル九世、次いでアンリ三世の筆頭外科医を務めた。またパレはアンリ三世の枢密院のメンバーにもなっている。このように医学で頭角を現したパレだが、彼は大学の医学部で学んだ人間ではない。

国王付筆頭外科医にまで昇りつめ、順風満帆の人生行路を歩んだ感のあるパレだが、医学を生業とする者同士の確執に巻き込まれ、相応の苦難の時期も送った。当時は医者、外科医、床屋外科医の地位をめぐり熾烈な権力闘争が行われた時代であり、近代における専門的医業が成立する直前期であった。パレはまさにその渦中にいた人間だったのである。

ことの発端は、パレが自らの医学的知見を集大成した全集を刊行したことだった。パレは、一五四五年の処女作『銃創治療法』以来、数々の医学書を出版してきた。この処女作の書名に明らかなように、それらはパレの医学上の実践活動にもとづくものだった。事実、軍医としてのパレの医療活動には特筆すべきものがあり、彼が「近代外科学の祖」と呼ばれるのももっともなことである。

たとえば、銃創に対する従来の医学的処置は煮えた油で傷口を焼灼するというきわめて残酷なものだったが、「鶏卵の黄身とバラ入りの油と松やに」から作った軟膏を傷口に塗布するほうが治りの良いことを発見し、焼灼を否定した。ただ、この処置法は、ほぼ同時期にイタリアの医者バルトロメオ・マッギも提唱しているのでパレの「発見」とは言えないかもしれない。

もう一つの特筆すべきパレの外科学上の貢献は、手足が切断された際に傷口を焼灼するのではなく、出血する血管をくくって止血する結紮《けっさつ》法を改良したことである。パレ以前にも結紮は行われていたが、止血鉗子《かんし》という専用道具を発明したのはパレであった。このような外科学上の実践を積み、自らの知見を数々発表してきたうえでの全集の出版だったのである。

全集は一五七五年に出版されたが、当時パリ大学の医学部長であったエティエンヌ・グルムランを筆頭にした医学部教授団はこれに猛烈に激怒した。それは、所詮、外科医にしかすぎないパレが分限を超えた医学上の問題をずうずうしくも扱おうとしたからだった。精液、月経血、妊娠の原因や兆候などの問題は医学部の教授陣が論じるべきものだったのである。

このように近代外科学の黎明期の中心人物として著名なパレだが、その彼が近世ヨーロッパの怪物論・驚異論の集大成と言える『怪物と驚異について』を著したのである。パレの怪物に対する関心は、人間の生殖の問題と関連づけつつ、一五七〇年頃には芽生え始めていたようだ。親交のあったユゼス大公の求めに応じて、パレは生殖に関する書物の執筆に取りかかり、一五七三年に浩瀚な書物を公刊した。それは次のような書名であった。

外科学二巻。第一巻、人間の生殖、及び母親から子供を引き出す方法について。出産に併発しうる様々な病の治療法を含めて、子供を首尾よく引き出す、むしろ産ませるために必要なことどもに。第二巻、地上と海の怪物について。挿図入り。さらに神経部位に加えられた傷に関する小論。

『怪物と驚異について』はこの第二巻に含まれている。その後、この部分は全集に収められ、一五七九年版はテヴェの『普遍的宇宙誌』の内容が盛り込まれた結果、ページ数が大幅に増えた。

この例に見られるように、『怪物と驚異について』の内容すべてがパレのオリジナルというわけではなく、同時代の驚異論を多く参照・引用している。このことは数多く収載されている魅惑的な挿絵についても同様である。内容・挿絵のかなりの部分がリュコステネス著『驚異と前兆の年代記』（一五五七年）、ピエール・ボエステュオ著『驚異物語集』（一五六七年）、クロード・ド・トゥスラン著『十四の驚異報告』（一五六八年頃）、またゲスナー著『動物誌』（一五五一―五六年）、ギヨーム・ロンドレ著『魚類全誌』（一五五八年）などから取られたものであった。

オリジナリティの欠落はパレの書の価値を貶めるものではない。その反対であり、それは同時代の驚異論を集大成したものとして、当時の驚異観を知るうえできわめて貴重で重要な書であると言えるのだ。

以下で検討するのは一五八五年版の全集に収められたもので、一五九〇年にこの世を去るパレの生前に出された最後の版である。

パレと新大陸の怪物

それではいくつか具体例を見ていくことにしよう。

第三十五章「翼のある怪物」のなかで、パレは次のように述べている。

テヴェが『普遍的宇宙誌』において述べるには、彼は新大陸で野蛮人たちが彼らの特殊な言葉でトゥカンと呼んでいる鳥を見た。それは身体の残りすべてよりも大きくて、長い嘴をも

図17　「トゥカン」の図。アンブロワーズ・パレ著『怪物と驚異について』1585年より。

っているので非常に怪物的（monstrueux）で醜悪である。（……）それは胡椒《こしょう》を食べて生きる。

　パレがテヴェの著書として引用しているのは『普遍的宇宙誌』だが、この〝怪鳥〟トゥカンについては『南極フランス異聞』にも同様の記述がある。『普遍的宇宙誌』には『南極フランス異聞』の内容も盛り込まれている。『南極フランス異聞』第四十七章「アメリカ人の交易の方法について、またトゥカンという名の鳥、およびこの地の香辛料について」には、「海辺の土地での最大の交易品」として「土地の言葉でトゥカンという鳥の羽根」のことが取り上げられている。

　この鳥は鳩ほどの大きさで、全身はほぼ黒色だが尾のあたりに赤色の羽毛が、胸の下には黄色の羽毛が生えている部分がある。「この鳥の黄色以上にすばらしい黄色は、ほかに見あたらない」。インディオはこの黄色い羽毛の部分で剣飾りやある種の衣服や帽子を作る。テヴェが述べるには、「この鳥はまた驚くばかりに不格好で怪物的である。嘴が身体の他の部分より長くて太いからで

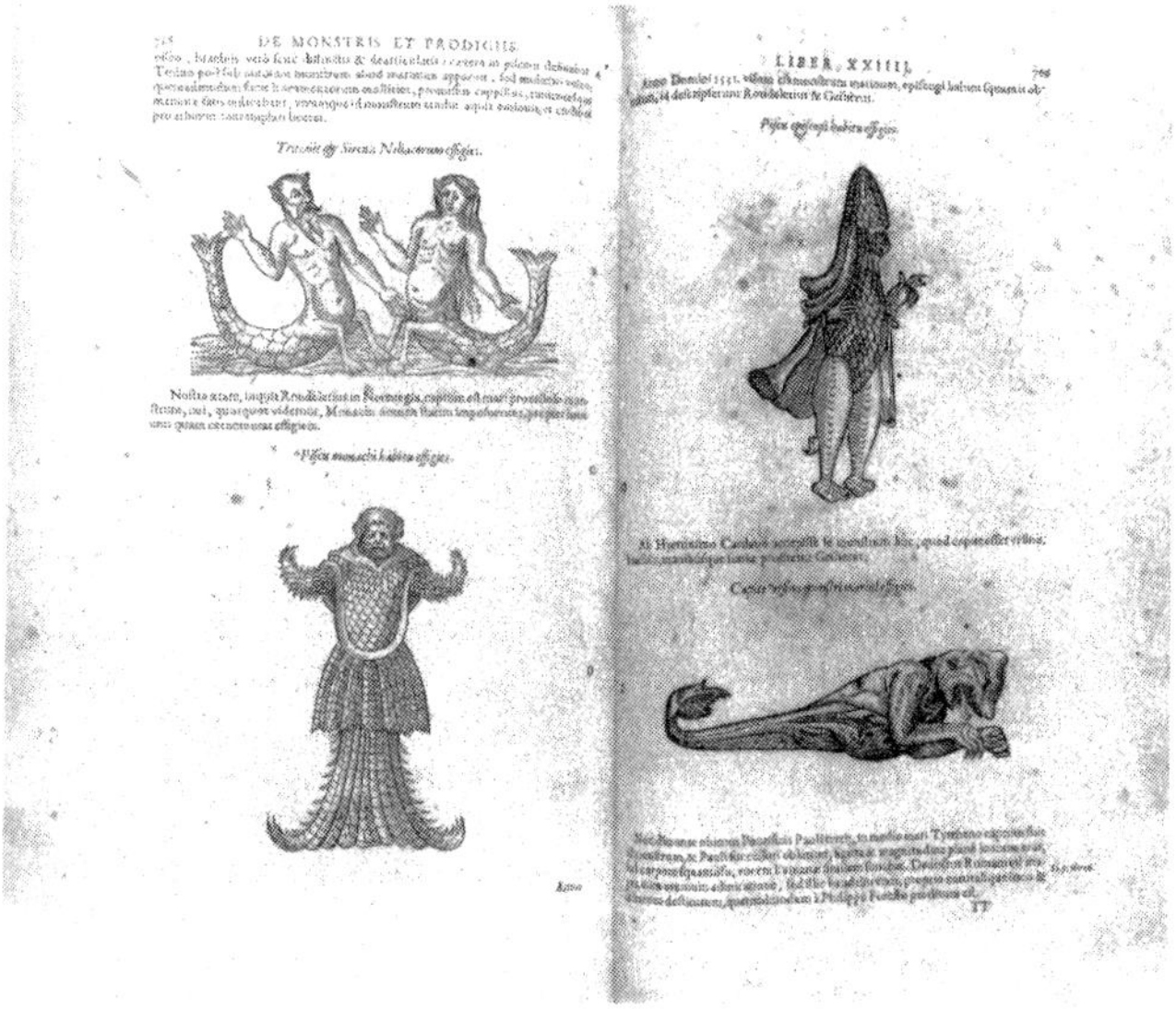

図 18 「海の怪物」の図。アンブロワーズ・パレの 1582 年刊行のラテン語版全集より。

ある」(図17)。

トゥカンの正体は、熱帯アメリカ産のオオハシのことであろう。実在する鳥類だが、テヴェをふまえてパレも言うように、その巨大な嘴は当時のヨーロッパ人にとって文字通り「怪物的(monstrueux)」なものと認識されたのである。

これに対して第三十四章「今や、海の怪物について話そう」には、「正真正銘の」新大陸産の怪物が登場する。当該箇所もテヴェの『普遍的宇宙誌』の記述をふまえたものだが、『南極フランス異聞』には含まれていない(図18)。

パレが述べるには、メキシコの王国、すなわちアステカ王国の首都テノチティトランが浮かぶ湖には仔牛のような大きさの「魚」がいる。現地の「野蛮人たち」と当地を征服し

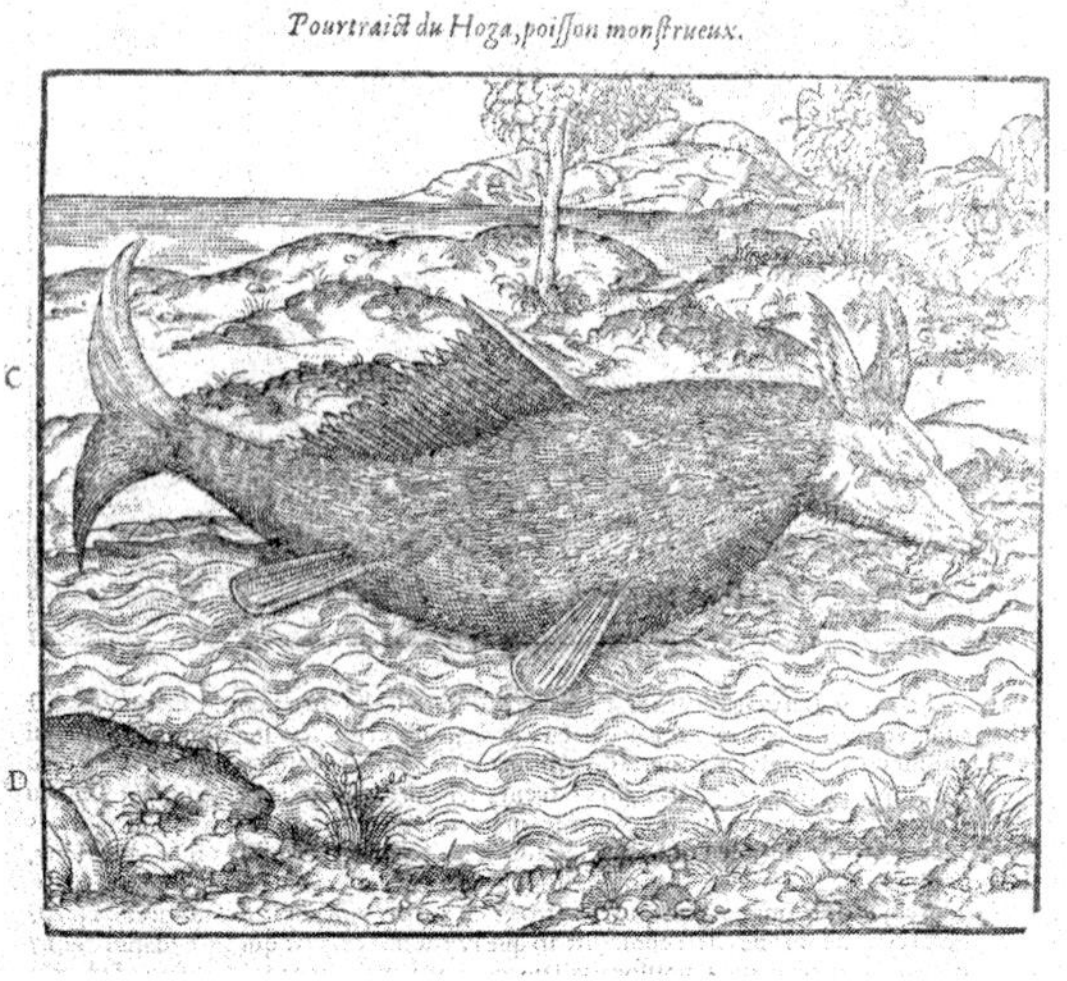

図19 「オガ」の図。アンブロワーズ・パレの1598年刊行フランス語版全集より。

たスペイン人たちはこの怪物を「オガ」と呼んでいる。この名の由来は、この怪物が常食とする湖畔に生育する葉っぱをつける樹木がオガという名を持つからだ。

この怪物は、次のような格好をしている（図19）。

その頭部と耳は豚にそっくりで、半ピエ（約十五センチメートル）の長さの五本の口ひげを持っている。この「魚」は卵生ではなく、鯨のように胎生である。もしもオガが水中で泳いでいる姿を見ることができたなら、その体色が緑、黄色、赤とカメレオンのように変化するのがわかるだろう。またオガは大きな歯を持ち獰猛であり、自分より大きな他の魚を殺して貪り食うこともある。またオガの肉は美味でたいへんおいしい。

このような描写と添付されている図像を並べると、まさしくこれはこの世には存在しない「海の怪物」としか思われない。

いったいテヴェはどのような生き物をオガと取り違えたのであろうか。新大陸に赴いたことがないパレにとって、このような怪物が実在するかどうかは確かめようがない。虚偽を含んだ間接的な情報・伝聞情報が「真実と現実」に変性していくのがこの時代の常態であった。

幻獣と実在する獣の変奏曲

パレがテヴェを通して手に入れた新大陸の怪物情報は、『怪物と驚異について』という一書を、さながら幻獣と実在する獣とが織りなす変奏曲に仕立てあげているかのようだ。このことは、第三十六章「地上の怪物について」にも当てはまる。他の章でも同様だが、怪物に関する情報源は新大陸に限定されるわけではない。連続して述べられている二つの事例を見てみよう。

同章冒頭に登場するのは「ウスパリム」という怪物である。パレは、テヴェの『普遍的宇宙誌』第一巻第四部第十一章を引用して次のように述べている。それは、

ゾコテラ島［アラビア半島の南のアラビア海上に存在するソコトラ島］にはエチオピアの猿のように大きく非常に怪物的なウスパリムと呼ばれる獣が見られる。それをエチオピア人たちは藺草《いぐさ》の大きな檻で飼っている。それは緋色のような赤い皮膚をしており、少し斑点がある。頭部は玉のように丸く、足は円形で平たくて攻撃的な爪はない。それは風だけ食べて生きる。

図20 「ウスパリム」の図。アンブロワーズ・パレ著『怪物と驚異について』1585年より。

添付された図像には、人間よりはるかに大きなウスパリムが二人の人間によって捕えられようとしている場面が描かれている（図20）。この人間たちはムーア人である。パレは続ける。「ムーア人たちはそれを撲殺し、次いで食べるが、棒で何度も叩いたあとのことであり、そうするのはその肉をいっそう美味しくし、消化しやすくするためである」。ムーア人はもともとはマグリブ（北西アフリカ）の先住民を指したが、十五世紀頃からムスリム（イスラーム教徒）一般を意味するようになっていた。

　このようないわば「幻獣」と隣り合わせに続けて述べられているのが、「キリン」という実在する獣である（図21）。

　当時のヨーロッパ人にとって未知の存在であったこの獣は怪物にほかならなかった。この箇所もテヴェの『普遍的宇宙誌』からの引用である（第一巻第十一部第十三章）。パレはこう述べる。べンガルを始めとするインド内陸の諸王国には、西ヨーロッパのドイツ人によってキリンと呼ばれている獣が棲息しているのが見られる。この動物は頭部や耳の形、また偶蹄であるという点ではヨーロッパの鹿とあまり違いはない。ところが、「その首は約一トワズ〔一・九五メートル〕の長さで驚くべきほどに（merveille）細長い」のだ。

図21 「キリン」の図。アンブロワーズ・パレ著『怪物と驚異について』1585年より。

このあと幻想的な内容も織り交ぜながら淡々とキリンの描写が続く。皮膚には、豹のように白色と褐色のあいだの色を帯びた斑点がついている。それでギリシアの歴史家たちはキリンをカメレオン豹と呼んでいる。キリンは捕まえようとすると獰猛になる。いつも人目につくのを避けて森のなかや人気《ひとけ》のない場所に隠れている。人影を見るやいなや逃げようとするが、走る速度が遅いので結局捕まってしまう。捕まえてしまうと、ほかのいかなる動物よりもおとなしい。頭部には二本の小さな角がある。草、木の葉っぱ、小枝を常食とする。

パレが『怪物と驚異について』において意図的ではなく知らず知らずに成し遂げたこと、それは「怪物」の領域を前兆に関わるものと自然に関わるものとの二つに分離したことだった。もちろん、パレが両者を截然と分離できていたわけではなく、曖昧なところは多く残っている。『怪物と驚異について』の前半部では怪物や奇形の誕生が多く扱われているが、そこでは医学的な説明と並んで前兆説が大きな位置を占めている。ところが後半部では、ダチョウ、サイ、ナマケモノ、オウムガイ、キリン、ゾウ、極楽鳥等、実在の動物類が、確かに「驚異」ではあるが自然のものとして扱われているのである。これらの動物類はもはや前兆ではないのだ。パレ以降、驚異が怪物から徐々に分離していくことになるだろう［Ashworth］。「驚異の怪物からの分離」、あるいは「驚異の自然化」は近世を通して進行した緩慢な運動である。次章では、この緩慢な運動について視点を変えてさらに見ていくことにしたい。

気分をあらため、海原遥か彼方に存在する新大陸から、キリスト教徒同士が血で血を洗う戦争を繰り広げた近世のヨーロッパ本土に目を移すことにしよう。

第三章

氾濫する宗教改革時代の怪物と驚異

「七頭のドラゴン」コンラドゥス・リュコステネス著『驚異と前兆の年代記』（1557年）より

「修道士仔牛」と「教皇驢馬」

ルターが人間の恰好をして／アウグスチノ会の信仰を奉じたときは
その容貌も腐ってはいなかった／その横柄さで穢してしまったが
この怪物が全人類に告げているからだ／近づきにくく、奇矯な人となりを
彼は悪徳で我身を泥まみれにしたから／こんな怪物はくだらぬと考える人たちは
物知りで、賢明で、博学の／石よりも頑として動じぬザクセン人たちだ
連中は昔犯した罪を捨てはしないだろう／高潔な裁き手の御手を感じとるまでは

［伊藤「フランス・ルネサンスの想像界」（Ｉ）］

このように当時のバラッドを書き記しているのは十六世紀の逸名の日記作者である。この怪物は「修道士仔牛」として西洋近世の驚異・怪物研究史のなかでは夙《つと》に知られるもので、一五二二年十二月十二日にザクセンのフライベルクで発見されたとされるものだ。この日記作者によると、肉屋が死んだ牝牛を解体していたところ、腹中にこの怪物を発見した。この怪物の頭部は人間のようであったが奇形で修道士のようにトンスラ（頭頂部を剃髪した髪型）状になっていた。胴体は牡牛のようであったが、その他の部分は豚のようで、肩には二重になった皮が修道士服の

頭巾のように垂れ下がっていた。

このバラッドが言いたいのはこういうことだ。修道院制はカトリック教会の制度だが、もとアウグスチノ修道会出身のルターがカトリック教会に反旗を翻し宗教改革を起こしたこと、そして教皇から破門されたルターを庇護したのはザクセン選帝侯であること、そしてこのような彼らの行為が許されがたき堕落にほかならないということだ。そしてそれを証明するべく、このような醜悪な怪物が産まれたのである。

この怪物解釈はカトリック教徒と考えられる日記作者が残したものだが、同一の怪物に対して、敵対する側が異なる解釈を適用することもありえたのが当時である。この著名な怪物はプロテスタントのルターとフィリップ・メランヒトンによって著されたパンフレット『二体の忌まわしき像の解釈』(一五二三年)に掲載された。怪物の異様さはルカス・クラナハ(父)による木版画でひしひしと伝わってくる。最近発見された怪物として取り上げられているのが、「修道士仔牛」と「教皇驢馬」だ。

メランヒトンによれば、「教皇驢馬」は一四九六年にローマを流れるテベレ川で死体で発見された。それはローマ教皇権の腐敗を意味する。ルターの友人で熱烈な宗教改革派であったクラナハはこのことを聖ペテロの鍵を描いた旗と教皇が居住するサン・タンジェロ城を怪物と並べて描くことで鮮明に表現した(図22)。一方、「修道士仔牛」についてルターが述べるには、これが示すのは修道院生活が聖なるものでも敬虔なものでもなく、偽りに満ちたうわべだけのものである

図 22 「教皇驢馬」

図 23 「修道士仔牛」

ことであった。この二体の怪物が意味しているのはカトリック教会の崩壊が差し迫っていることなのだ（図23）。

このように、カトリックとプロテスタントは同一の怪物の誕生に対して自分たちの側に有利になるように解釈を試みたのである。宗派対立を背景にした、驚異・怪物をめぐる解釈合戦と言えようか。R・ポチャ＝シャーが述べるように、「ある兆しがあることとその正反対のことの両方を意味することはできないので、解釈行為は意味を与えるコンテクストに完全に依存している」のである。ルターとメランヒトンによるこのパンフレットは、十六、十七世紀に頻繁に再版され、さらにフランス語、オランダ語、英語に翻訳され新旧両教会の怪物解釈に大きな影響を与えた。

カトリックの怪物解釈——宗派論争

この解釈合戦は、両宗派の怪物・奇形誕生に対するスタンスの違いとも関係している。カトリックの方から見ていこう。新旧両教会の対立が深まるなかで、カトリック側は怪物を神の意志の前兆として受け入れることに慎重になっていった。とりわけ神聖ローマ帝国において一五二〇—三〇年代に宗派論争が最初の過熱を見せたあとではそうであった。トリエント公会議（一五四五—六三年。新旧両教会の調停を目指したものの、プロテスタント側の出席がなく、カトリックの教義の再確認と確定が行われた）後、その傾向はさらに強くなった。たとえば、公会議の最終会期で重要な役割を果たしたボローニャ司教ガブリエーレ・パレオッティはその著作『聖俗画像論』（一五八二年）のなかで、多くの人々が偽りの予言によって誤った道にいざなわれているがゆえに、画家たちは怪物や驚異を表現する際には細心の注意をはらうべきであると述べている。

怪物・奇形の誕生を、プロテスタントを攻撃するための重要な題材としている例を見てみよう。ドイツ南東部のバイエルンの都市インゴルシュタットで一五六九年に出版された「戦う教会」と題されたチラシには、三九九行の詩と一枚の木版画が印刷されている。この詩を書いたのはヨハンネス・ナススという修道士である。インゴルシュタットはイエズス会が居を構えて以降、反宗教改革の防波堤になった都市であった。木版画は三段に分かれ、その二段目すなわち真ん中の段に怪物がひしめき合っている。教会に侵入し冒瀆しようとする怪物の行列の姿は百鬼夜行さながらであり、怪物には二〇から三四の番号が付されている。これらの怪物が、現実に誕生した奇形とも意図的に関連づけられていたことに注意しなければならない（図24）。

具体的に見ると、二〇番は一五四五年にザクセンで産まれた長く伸びた頭部と引き裂かれた皮膚をもつ子どもだが、詩はこう詠う。「おそらくそれは戦争を意味する。カール五世とプロテスタント諸侯のあいだの戦争の到来を」。ザクセン帽子を被った巨大なヤマアラシはルターを意味する（二一番）。そして一五五三年にマイセンで誕生した二つの頭部をもつ子ども（二二番）、一五五四年にマイセンで誕生した頭部がない子ども（二三番）、一五六八年に産まれた獰猛な犬のような頭部をもつ怪物（二四番）、一五四七年にマンスフェルトとザンガーハウゼンの近くで誕生した頭部が異常に肥大した子ども（二五番）が続く。これらは誰もかれもが王や諸侯になりたいと望み反抗的に振舞っていることを意味する。

さらに一五〇三年にヘッセンで産まれた教師のような格好の子ども（二六番）、一五一九年にチューリヒで産まれた目・耳・鼻のない両性具有の子ども（二七番）、一五四六年に発見された修道士の恰好をした魚（二八番）、そして先にふれたザクセンのフライベルクで発見された修道士仔牛（二九番）が続く。それが人々に警告しているのは、牛のような生活を送り、仔牛のような勇気しかもたないルターに用心せよということなのだ。最後尾の一団のなかには一五三六年にザクセンのハレで産まれた司祭の頭部をもつ豚（三〇番）がいるが、それはユダヤ人を愛するルターを意味する。豚はユダヤ人の表象である。「光を語れ」という言葉が書かれた旗をもつ狐頭

図24　「戦う教会」1569年

の怪物（三一番）について詩は「たとえそれが反キリストに由来しても」と詠い、二つの顔面をもつ人間（三二番）は「多くの頭部と口と舌をもち、ドイツ中を巡り歩いて老若男女に会いに行く。我らにとってそれはルター派を意味するのだ」と詠う。一五五三年にチューリンゲンで産まれた長い尻尾をもつ蛙（三三番）は再洗礼派とカルヴァン派を意味する。怪物たちの隊列のしんがりは一五五四年にシュテッティーンで産まれた死産の子どもである。この子どもの耳からは腕が生えていた。

「戦う教会」というチラシのタイトルが物語っているように、ひしめく怪物の群れはプロテスタントを攻撃するために描かれたものだ。これらすべての怪物が、ザクセン、ヘッセンなどプロテスタントの地域の怪物誕生に関する報告書らしきものから引用されている。詩を書いた修道士ナススが主張したかったこと、それはルター派に始まり再洗礼派やカルヴァン派にまで及ぶ新しい教えの堕落とおぞましさにほかならなかった。

反宗教改革のこのチラシに見られる怪物の言語は、予言の言語ではなく宗派論争のものだ。それが喚起する感情は、なかでも異端に対する嫌悪である［R. Po-Chia Hsia］。

プロテスタントの怪物解釈——予言

このようなカトリック教会の怪物解釈に対して、きわめて強い「終末論的な期待」をもって怪物を解釈したのがプロテスタント教会であった。一五一七年に宗教改革の火ぶたが切られるや、プロテスタントの聖職者たちはこの世の罪深さと最後の審判の到来を告げ知らせる前兆の嵐に見舞われることになった。プロテスタントにとって、怪物の誕生は神の警告を意味し、人々に悔い改めと敬虔な生活を送ることの必要性を説くものであった。十六世紀後半、怪物の誕生について記したパンフレットが数多く制作されたが、その大部分はルター派のものである。

いくつか例を見てみよう。一五六三年、シュトラースブルクで出版されたチラシには頭部は一つだが、顔面と身体が二つに分かれた双生児が描かれている（図25）。チラシの説明文によると、ある高潔なシュトラースブルクの市民が商用で郊外のビシェムという村にやって来たところ、驚くべき姿形をした子どもが産まれたとの噂を聞いた。その誕生、すなわち「全能なる神の驚異的な手仕事」を見たいという彼の願いは許可され、すべての村人と一緒にその子どもを実見することになった。その子どもは三月五日の夜七時に高潔かつ正直な夫婦ヤーコプ・シューマッハとヤコベとのあいだに産まれたが、死産だった。そして次のように結論づける。

この驚異の仕事（wunderwerk）や他の驚異の兆し（wunderzeichen）によって、それを私たちは毎日聞いたり見たりしているのだが、全能なる神が何を意味しておられるかは、神のみぞ知るのである。

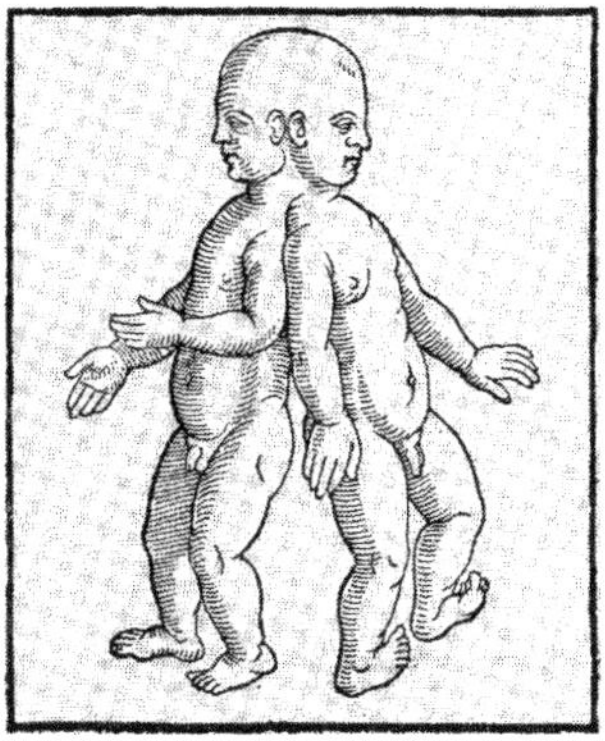
図25　1563年にシュトラースブルクで生まれた奇形

一五六九年六月十日、ブランデンブルク辺境伯領のベルナで身体の真ん中で引っ付いている双子が産まれた。農民夫婦ハンス・シュトレーベルとバルバラのあいだに産まれた子どもで、双子のうち一人は死産、もう一人は誕生後一時間経たないうちに死んだ［図26］。チラシには次のように述べられている。

このような驚嘆すべき（wunderbarliche）、超自然的

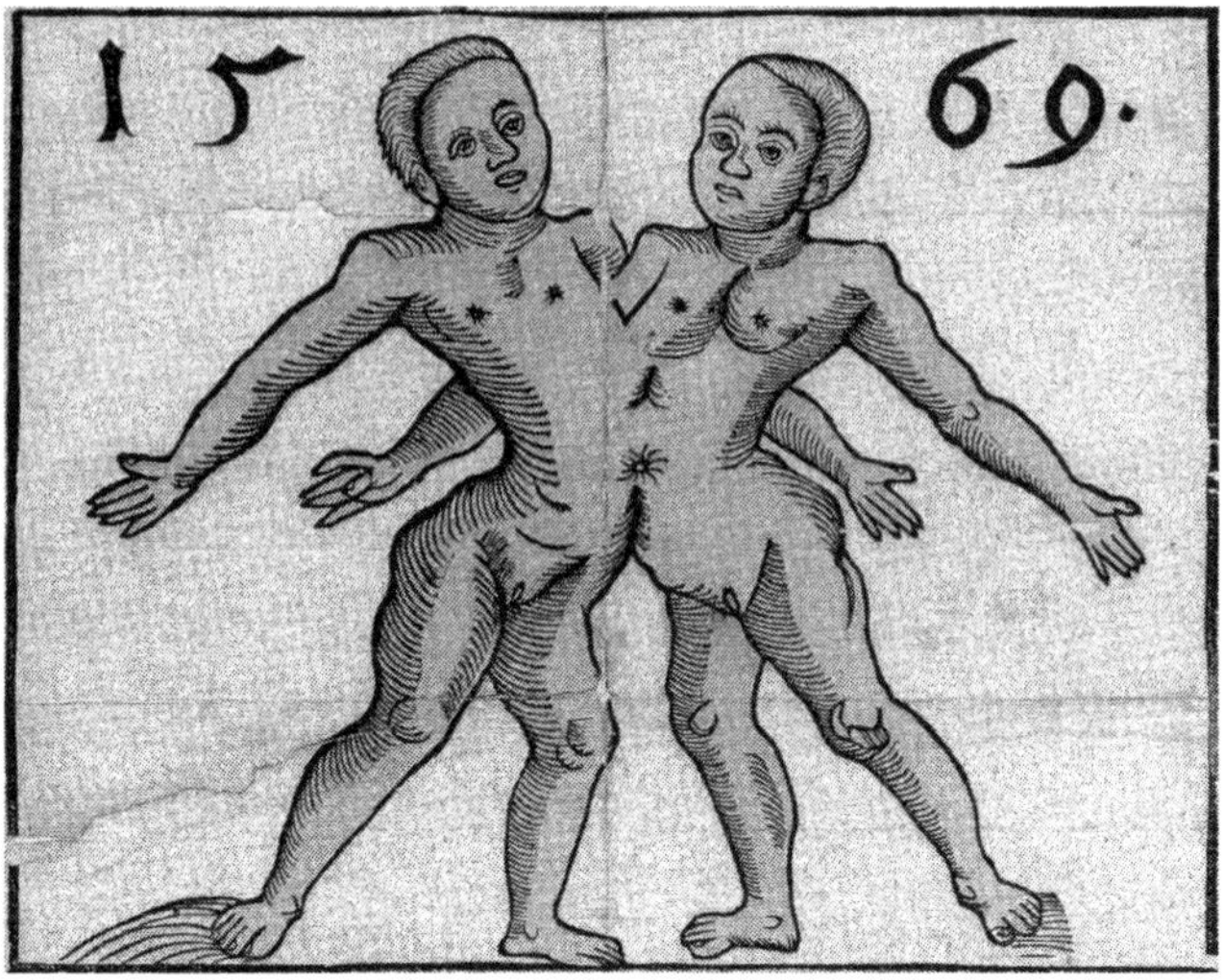

図26　1569年にブランデンブルク辺境伯領で産まれた奇形

な、肝を潰すような誕生が、教会の雑務係たちや前記の村の長だけでなく、近隣の村々を加えたほとんどすべての地域の全部で約百人の人々に目撃されたのだ。しかしそのような奇異で超自然的な誕生が何を意味し、何の前兆になるのか、私たちが実際に知ることはできない。今年六九年には天［大気］とその他の元素［地・水・火］において肝を潰すような別の前兆が起こっているので、私たちが不幸と罰を免れないだろうということは確実であるけれども。そのような前兆によって、主なる神が私たちを悔い改めに気づかせてくれますように。

怪物の誕生は、自然と社会の秩序の様々な攪乱《かくらん》の前兆とみなされた。戦争、反乱、殺人、疫病の流行、洪水、不作、非キリスト教的な振る舞いの流行など、あらゆる種類の凶事の兆しとして認識されたのである。しかし、プロテスタントとカトリックではその認識に温度差があった。カトリックの聖職者ヨハン・オルデコップはルター派の人々のあいだで怪物誕生に関わる前兆の話がおびただしく飛び交っていることを嘲笑してこう書き記している。

すでに何年ものあいだ、ルター派のラビたちや鐘鳴らしたちが驚異の画像や情報を記した多くの本やチラシを出版している。（……）これらの画像はそのようにして印刷され、哀れむべき盲目のルター派の者たちが集まるところで声に出して読み上げられる。そして今までは恐怖も恥辱も感じることなく生活し、あらゆる種類の不品行に耽っていた者たちが悔い改め、従順になるようなやり方で解釈されるのだ。

近世のヨーロッパ社会では聖俗両界で民衆の生活を規律化していく動きが見られた。どんちゃん騒ぎが行われ性的な解放も見られた祭りに代表される民衆文化が、祝祭日の削減などのかたちで抑圧されていったことはよく知られている。その点を考えれば、怪物の誕生も単なる予言の機能ではなく、「しだいに道徳的かつ社会的な規律の機能を果たすようになった」と言えるだろう［R. Po-Chia Hsia］。

ただ、ルター自身は「前兆としての怪物誕生」説に対し、いたって冷静な判断をくだしていたことに注意しておくべきだろう。人間は母胎内の自分の子どもについてすら性別を知ることができず、人類の生殖に関する知識には限界がある。「このすべてが私たちの管轄を越えている。私の両親は、自分たちがマルティン・ルター博士を産むとは考えなかった。創造は神のみがなされるのだ。私たちが理解することができないものなのだ」（『卓上語録』）。アウグスチノ修道会出身のルターは、怪物や奇形の誕生に全知全能の神の「過ち」を認めなかったアウグスティヌスにならって、驚異や怪物の原因究明について測鉛を深くおろすことはなかった。

一五三二年の夏か秋のあるとき、ルターは知人たちと女性が産む可能性がある怪物について語り合うことがあった。そのとき話題になったのはネズミに似た怪物であったが、ルターはそのような怪物に洗礼が授けられるべきかどうかを尋ねられたとき、それは人間ではなく動物の生命を表していると考えるので、その必要はないと答えた。また、こうした怪物には魂があるのかどうかと尋ねられると、ルターは「わからない。これについて私は神に問わなかった」と陽気に答えたという。

ただし、ルターも驚異そのものの増殖については明白に認識しており、それを「世界の終末」の到来と結びつけていたことを忘れてはならない。ルターはこう述べている。

今日われわれは太陽と月が同時にその輝きを失い、星々が落ち、人間の誰もが苦しむようになり、大風や大水が襲いかかってくるのを目の当たりにしているからで（……）何もかもが

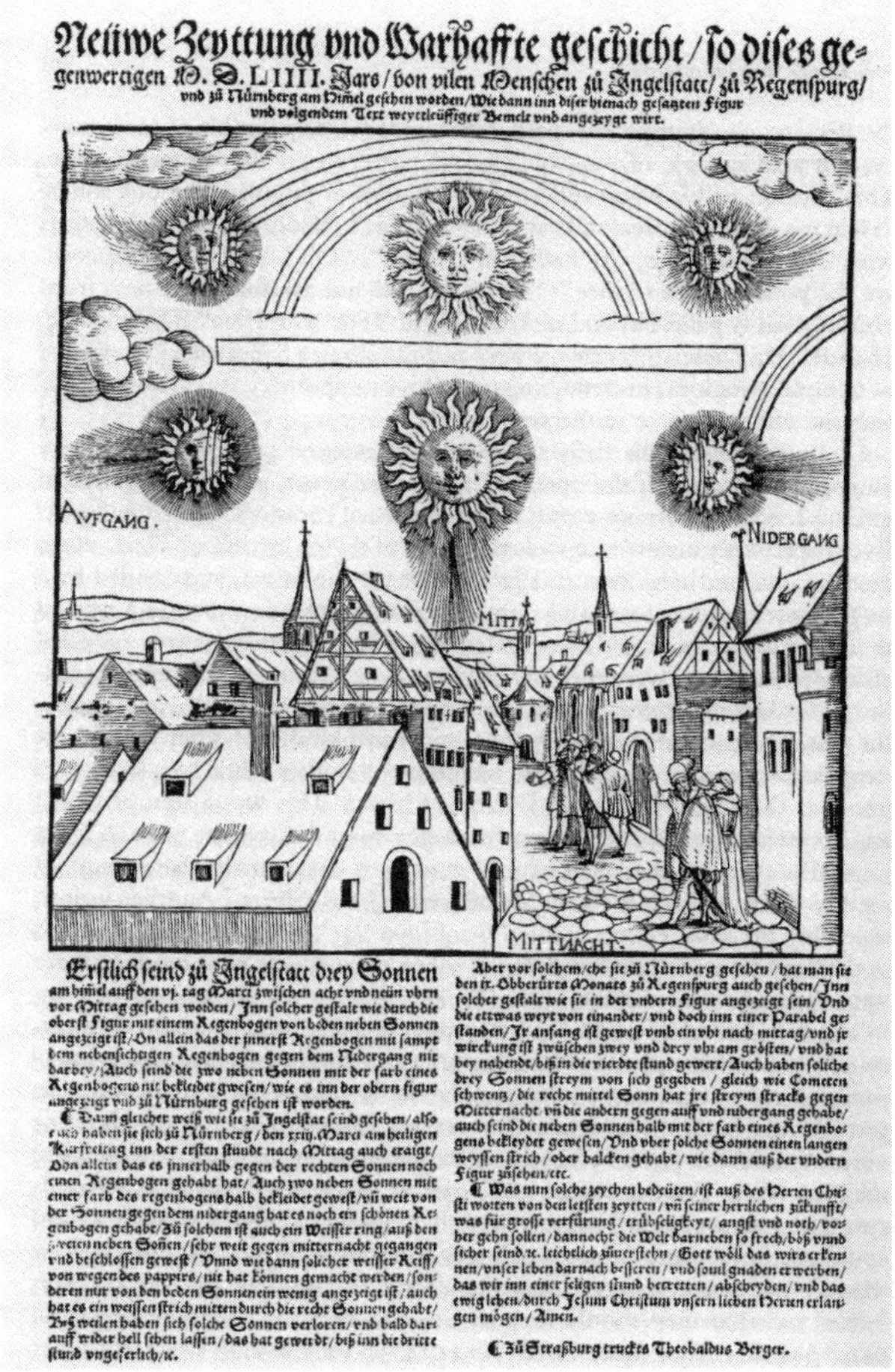

Neüwe Zeyttung vnd Warhaffte geschicht/so dises gegenwertigen M. D. LIIII. Jars/von vilen Menschen zů Ingelstatt/zů Regenspurg/vnd zů Nürnberg am Himel gesehen worden/Wie dann inn diser hienach gesatzten Figur vnd volgendem Text weyttleüffiger Bemelt vnd angezeygt wirt.

Erstlich seind zů Ingelstatt drey Sonnen am himel auff den vj. tag Martij zwischen acht vnd neün vhrn vor Mittag gesehen worden/Inn solcher gestalt wie durch die oberst Figur mit einem Regenbogen von beden neben Sonnen angezeigt ist/On allein das der innerst Regenbogen mit sampt dem nebensichtigen Regenbogen gegen dem Nidergang nit darbey/Auch seind die zwo neben Sonnen mit der farb eines Regenbogens nit bekleidet gwesen/wie es inn der obern figur angezeigt vnd zů Nürnberg gesehen ist worden.

Dann gleicher weiß wie sie zů Ingelstat seind gesehen/also auch haben sie sich zů Nürnberg/den xxiij. Martij am heiligen Karfreitag inn der ersten stundt nach Mittag auch ereigt/On allein das es innerhalb gegen der rechten Sonnen noch einen Regenbogen gehabt hat/Auch zwo neben Sonnen mit einer farb des regenbogens halb bekleidet gewest/vnd weit von der Sonnen gegen dem nidergang hat es noch ein schönen Regenbogen gehabt/Zů solchem ist auch ein Weisser ring/auß den zweien neben Soñen/sehr weit gegen mitternacht gegangen vnd beschlossen gewest/Vnnd wie dann solcher weisser Reiff/von wegen des pappirs/nit hat können gemacht werden/sonderen nur von den beden Sonnen ein wenig angezeigt ist/auch hat es ein weissen strich mitten durch die recht Sonnen gehabt/Bißweilen haben sich solche Sonnen verloren/vnd bald darauff wider hell sehen lassen/das hat gewerdt/biß inn die dritte stund vngeferlich/rc.

Aber vor solchem/ehe sie zů Nürnberg gesehen/hat man sie den ix. Obberürts Monats zů Regenspurg auch gesehen/Inn solcher gestalt wie sie in der vndern Figur angezeigt sein/Vnd die etwas weyt von einander/vnd doch inn einer Parabel gestanden/Ir anfang ist gewest vmb ein vhr nach mittag/vnd je wirckung ist zwüschen zwey vnd drey vhr am grösten/vnd hat bey nahendt/biß in die vierdte stund gewert/Auch haben solche drey Sonnen streym von sich gegeben/gleich wie Cometen schwentz/die recht mittel Sonn hat jre streym stracks gegen Mitternacht/vñ die andern gegen auff vnd nidergang gehabt/auch seind die neben Sonnen halb mit der farb eines Regenbogens bekleydet gewesen/Vnd vber solche Sonnen einen langen weyssen strich/oder balcken gehabt/wie dann auß der vndern Figur zůsehen/etc.

Was nun solche zeychen bedeüten/ist auß des Herren Christi worten von den letsten zeytten/vñ seiner herrlichen zůkunfft/was für grosse verfürung/trůbseligkeyt/angst vnd noth/vorher gehn sollen/dannocht die Welt darneben so frech/böß vnnd sicher seind/rc. leichtlich zůuerstehn/Gott wöll das wirs erkennen/vnser leben darnach besseren/vnd souil gnaden erwerben/das wir inn einer seligen stund betretten/abscheyden/vnd das ewig leben/durch Jesum Christum vnsern lieben Herren erlangen mögen/Amen.

Zů Straßburg truckts Theobaldus Berger.

図27　1554年、インゴルシュタット、レーゲンスブルク、ニュルンベルクで目撃された三つの太陽。「これらは、キリストの御言葉通り、最後の日の到来の前兆なのだ。世界があまりにも邪悪なものになってしまったため、神は私たちがより善く生きることを知るべきだとお望みなのだ」。当時のビラより。

一度に起きているのです。彗星をいくつも見たのも、最近では天からたくさんの十字架が降ってきたのも、ときにこれまで聞いたことのない新しい病、フランス病〔梅毒〕が現れたのもこのためなのです〔ドリュモー『罪と恐れ』〕（図27）。

世界の終末と怪物・驚異の増殖

怪物の誕生と終末論を結びつける思考がプロテスタントに濃厚に見られるとは言え、もちろん、この思考がカトリックにまったく見られなかったわけではない。プロテスタント誕生以前の、とりわけ十五世紀末から十六世紀にかけてのヨーロッパ社会では終末論的な雰囲気が瀰漫《びまん》し、奇形や怪物の誕生、また天変地異などの驚異が世界の終末を予言するものとして人々に受け止められていたのである。驚異的な出来事が起こったとき、もっとも頻繁に引用された聖書のテクストが旧約聖書外典の「エズラ記第二書」の一節である。それは、ローマの圧政に苦しむイスラエルの行く末について尋ねるエズラに対して、大天使ウリエルが「終末のしるし」について解き明かしている箇所である。

突如として夜中に太陽が輝き、真昼に月が照る。その上、木から血が滴り落ち、石が声を発し、人々は恐慌を来し、星は軌道を脱するだろう。そして、地に住む人の望まぬ人物が支配するようになり、鳥さえもみな渡り去るだろう。ソドムの海は魚を吐き出し、夜にはえたい

> の知れぬ妖怪が声を発し、すべての人がその声を耳にする。方々で深淵が口を開き、そこから繰り返し炎が吹き上がる。野獣はその住みかを捨てて移り歩き、月経中の女は怪物を産むだろう。(「エズラ記」(ラテン語)五:一〜八)

十五世紀末から十六世紀前半にかけてのヨーロッパでは、まさにこの記述を想起させるような出来事が起こっていると信じられていた。「世界の終末」の到来と「黙示録の現実化」が当時の人々の想像力をとらえて離さなかったのである。

図28　デューラー作「メレンコリア。」1514年。「MELENCOLIA I」のプレートの向かって右横で閃光を放っているのが「エニスハイムの雷石」。

いくつかドイツの例を見てみよう。

一四八四年には土星と木星が蠍《さそり》座で会合することによって世界の破滅がおとずれると信じられていた。ドイツ・ルネサンス最大の画家アルブレヒト・デューラーは『回想録』で一四九二年にバーゼルで目撃した流星「エニスハイムの雷石」についてふれているが、それは一四九四年の作品『贖罪をするヒエロニムス』の裏側に、また一五一四年の銅版画「メレンコリアI」にも描かれた（図28）。

デューラーが差し迫る世界の終末に多大な関心を抱いていたことについては、世界終末の年と信じられていた一五〇〇年の二年前に出版された木版画シリーズ『ヨハネの黙示録』からもわかる。全十五葉から成る大成功を収めたこの作品はデューラー自身にとってはもちろん、木版画史上においても記念碑的な作品であり、デューラーの名声をヨーロッパじゅうに響き渡らせたことでも知られる。

図29　デューラー作「ランツァーの怪物的な豚」1496年頃。

またデューラーは、一四九六年頃にランツァーで産まれた奇形の豚の銅版画も残している（図29）。頭部は一つ胴体が二つで八本足をもつその怪物は『愚者の舟』の著者ブラントが作ったビラの挿絵にもとづくものであった。

さらにデューラーは一五〇三年の体験として、「多くの人々に空から十字架が降り下ってきたが、それは大人よりは子供の方にはるかに多く見られ」たこと、そしてある娘に「十字架が降ってきて、亜麻製の肌着の中に入り込んでしまい」、娘が死を恐れて嘆き悲しんだということも語っている。そして「私は天に彗星が現れるのを見た」と断言している。

驚異の増殖ぶりは、神聖ローマ帝国皇帝マクシミリアン一世に仕えていた占星術師・歴史家ヨーゼフ・グリュンペックが一五〇八年に著した『自然・天空・予言の光景の鏡』の記述からもうかがい知ることができる。

書をひもとくと、われらが祖先の時代、天にも地にも驚異が多く起こり、よく怪物も現れたという。（……）こうした驚異が起こった時代に、われらが時代も、似たような出来事の頻発の度合いやその引き起こす驚愕ぶりからして、並びうるのではあるまいか。（……）今日ほど人心を震撼させる驚異が数多く起こった時代を見出すことが困難であろうことは、誰も否定しえぬ事実である。［ドリュモー『罪と恐れ』］

イングランドのバラッドにみる怪物描写

ドイツ以外に目を転じてみよう。イングランドやフランスでも十六世紀後半に怪物・奇形の誕生について論じた出版物が多数生み出された。イングランドでは主にバラッドのかたちで、通常、散文テクストを伴い、ヒゲ文字で一枚刷りビラとして印刷された。これには木版画が挿入され、具体的な視覚情報を読者に提供した。こうした出版物はとりわけ一五六〇年代から八〇年代にかけて多く制作されたが、それは「世界の終末」の意識と関係していた。

一五六二年に出版されたビラ「サセックスのチチェスターで産まれた怪物のような子どもの描写」のバラッドは次のように語る。

聖書が語るには
万物の終焉がおとずれるのに先立って、
神は驚異的で異様なものごとをお与えになる、
今年、いくつか目撃されたように。

あるべき姿をしていない、虚弱な子ども、
きわめて異様な姿をした子牛と子豚は、
ほかの多くの甚大なる酷き災いとともに、
この世の改変を示すのだ。

一五六二年はイングランドで怪物・奇形の誕生が集中して見られた年であった。同年のビラ「二体の「豚の」怪物の形状」には次の散文が記されている。

全能の神が我らに送られたこれらの異様なもの〔を見て〕、神の偉大な力を忘れるべきではないし、また、神のきわめて偉大な憐れみ（……）、そして我らがそれによってもっとも慈悲深く戒められる、神の驚くべきしるしにも感謝するべきである。

『マクベス』や『リア王』などのシェイクスピアの作品に素材を提供したことで知られるイングランドの年代記作者ラファエル・ホリンシェッドの『イングランド・スコットランド・アイルランド年代記』（一五八七年版）には次のような記述がある。

この年〔一五六二年〕、イングランドでは怪物の誕生が多く見られた。三月、一頭の雌馬が一つの身体に二つの頭部がついた子馬を産んだ。いわば、二つの頭部のあいだから長い尻尾が出ている感じである。さらに一頭の雌豚が上肢と指がついた男児の腕に似た四本の脚をもつ子豚を産んだ。その他略。四月、一頭の雌豚が二つの体軀と八本の足をもつが、頭部は一つの子豚を産んだ。多くの仔牛と仔羊が怪物のようであった。そのなかのあるものには首のあたりに皮膚でできた襟が生えており、さながら当時使われていた二重の襞襟か襟巻のようであった。五月二十四日、一人の男児がサセックスのチチェスターで産まれた。その頭部、両腕、両足は骸骨のようであり、胸部と腹部は法外に大きかった《モンストラス》。臍からは、いわば長いひも状のものが垂れ下がっていた。首の周りには肉と皮膚から成る大きな襟がシャツか襟巻のように生えており、折り目がついて畳まれた状態で両耳のあたりまで盛り上がっていた。

ここで言及されているサセックスのチチェスターで産まれた奇形の子どもは、先のバラッドのものと同じものであろう。

実際、先のバラッドには身長約十六センチメートルの子どもの等身大の木版画が添えられているが、ホリンシェッドの描写と同じである。短い散文のテクストが長大なバラッドのあとに付けられている。それが強調するのは奇形の子どもの両親の生活の正常さ、それと対照的に両親に不幸にもおとずれた奇形児誕生という出来事の異常さであった。こうしたバラッドの多くに見られるのは、奇形の出産が両親の個人的な責任に由来するのではないという主張であった。子どもは合法的な夫婦の契りから産まれたのである。たとえば一五六六年に出版されたバラッドの題名には、「バッキンガムシャーのスワンバーン小教区でジョージ・スティーヴンスとその妻マージェリのあいだに合法的にもうけられた二体の怪物のような子どもの真実の描写」と記されている。

罪びとへの警告としての怪物誕生

一方、非合法な男女の交わりによっても怪物・奇形は産まれると考えられていた。「一五六八年十月二十九日ケントのメイドストンで産まれた一体の怪物のような子どもの姿と形」というビラには奇形の子どもを図解した木版画の下に長文の散文、その下にバラッドが記されている。散文には次のようなことが記されている。ケントのメイドストンにマルゲット・ミアという娘がいた。彼女は未婚だったが淫《みだ》らな行いをして子どもをもうけ、出産した。この男児の口の右端は縦に細長く裂けており、見るも恐ろしかった。左腕は胸に結合し、左足は頭部に向かって、右足の膝から足首までの部分は左足に向かって折れ曲っていた。背中の真ん中には薔薇《ばら》の形状をした大きな肉塊があり、その中央部に空いた穴から排泄した。男児は二十四時間後に死んだ。

以上のような奇形の容姿について述べたあと、ビラの作者は次のように続ける。

それは、淫らで非道なことを行うこのようなすべての者たちや、(もしも心のうちに神への恐れがあるならば)悔悟する気にさせられるかもしれない不敬な生活をおくる者たちにも恐怖の的であろう。生活の改善をこそ、神はキリストのために彼らと私たちの双方にお認めになるのだ。アーメン。これについての証人は以下の通りである。ウィリアム・プロマー、ジョン・スクワイヤ・グラシエ、ジョン・サドラー・ゴールドスミス、加えて男女双方の他の様々な信頼できる人々。

このあと十一連に及ぶバラッドが続くのだ。その題は「イングランドへの警告」である。

この怪物の姿形は汝イングランドに
汝の怪物のような悪徳を明白に示し
もし汝が各部分を理解するなら
それによって忠告を受けるのだ。

この第一連目に続けて、奇形児の各部分がイングランドの抱える悪徳と結びつけられ説明されるのだ。

怪物から発せられる喘《あえ》ぎ声は略奪と迫害、指がなく切株状になっている右手は「我々が近ごろ選択しているくだらない服装」、頭部に向かって折れ曲がった足は指導されることへの拒絶を示す、といった具合である。このバラッドでは、悔い改めの必要性はイングランドとそこに住む人々全体に対して呼びかけられているのである。ちなみに怪物の誕生を風変わりな服装や化粧の流行に対する警告と結びつける思考は、十七世紀のビラにしたためられたバラッドでも多く見られるものであった。

罪びとに対する神の警告として怪物が誕生したことを説く別の史料を見てみよう。一六〇〇年、ロンドンで十六ページのパンフレットが出版された。「神の驚くべき審判についての最も異様で真実なる論説。双方とも未婚である兄の息子と妹の娘の近親相姦の性交によって産まれた怪物のような奇形の子どもについて」と題されたパンフレットである。作者は不明だが、奇形児に対するその具体的な描写から直にそれを見た人物だろう。

　ことの次第は次のようである。一五九九年の三月末、一人の若い娘がイングランド西部のヘレフォードシャーのコルウォールに到着した。名前はフランシス・ブラウンといった。おじの家で使用人として働くためである。実は彼女は二年前にほどほど裕福な若者と婚約していた。仲睦まじく見えた二人であったが、やがてフランシスは若者に嫌悪を示すようになり、とうとう破談になってしまう。そしてその後、十五里離れたおじの家にやって来たのだった。パンフレット作者は、フランシスの心変わりは悪魔が彼女の心に入り込んだために起こったのであり、そして娘というものはしばしば親の意に反する不適切な夫を選ぶものだと述べている。

　フランシスのおじには成人に達した三人の息子がいた。彼女のいとこにあたる。パンフレット作者が語るには、フランシスと息子のうちの一人が「情欲に落ちた」。それは三つの点で非難されるべきことであった。第一に彼らは姻族であること、第二に彼女には婚約者がいたこと、第三は彼らの肉欲が、燃え上がるようにきわめて激しいものであったからである。悪魔によって盲目にされた二人は身体を求め合った。その結果、「彼女は彼によって子どもを身籠った」。

　九カ月後、「一般に十二日節と呼ばれる公現日に（……）近親相姦に対する特筆すべきもっとも恐ろしい事例」となる子どもが産まれた。通常の赤ん坊に比べると長い頭部には毛髪がなく、眉もなかった。眼窩がなく両目は飛び出ており、瞼のない右目は非常に小さかった。瞼がある左目はかなり大きく、目の玉が裏返しになるかのようにぎょろぎょろ動いた。鼻は凹み鼻孔がなく、鼻の下部に木の実の大きさの丸いボタン状のものがあるだけだった。口唇裂のように上唇は裂けていた。二つの切れ込みが口蓋から食道まで通っており、その空洞の溝はほぼ二本指の深さで、これが鼻孔の役目を果たしているようであった。口は通常より小さく、歯肉、顎骨、唇がなかった。顔面には皺が多く刻まれていた。親指はなく、指はすべてくっついており、一枚の皮膚で覆われていた。ただ、左手の薬指だけは爪があり独立していた。性別を判断できる生殖器はなく、尿は小さな穴から排出した。両足は臀部に固着し両膝は腹部にくっつくような状態であった。くるぶしから下の部分は両方とも足の親指の肉のひも状のもので結合しており、残りの足指は両手のように一枚の皮膚で覆われていた。身体全体は普通の子どもよりも大きかった。

三人の産婆がこの子どもをとりあげたとき、産声がなく動きがなかったので死んでいると考え裸のまま放置していたが、一時間後に産声をあげ、急いで産着を着せたのであった。子どもは三日間生存したが、眠らなかった。瞼がないからだと人々は考えた。そして子どもは死んだ。

当時のイングランド社会ではいとこ同士の婚姻は近親相姦と考えられており、これに違反して性的交わりをもった男女のあいだに「神の驚くべき審判」の結果として奇形＝怪物が産まれたというわけである。

パレによる怪物誕生と神の怒り

今度はフランスに目を転じてみよう。ここで取り上げたいのは、本書ですでに何度か言及しているパレの『怪物と驚異について』である。先に述べたようにこの著作は当時の驚異論の集大成と言えるものだ。したがって、その内容はパレが生涯を送ったフランスのみならず、ヨーロッパ全体の驚異観や怪物観を教えてくれるものになろう。

「第三章　神の怒りの例」でパレは次のように述べる。「犬の姿と鶏の頭部を持ったもの、頭部に四本角を持つもの、牛の四脚とぎざぎざの切込みが入った腿を持ったもの、頭頂に二房の冠毛のついた鸚鵡の頭部と四つの鉤爪を持ったもの」など、このように異種が混交し、「まったくもって不快で自然に反し」た怪物が産まれることがある。「たいていの場合、こうした怪物的で驚異的な被造物が神の裁きから産まれるということは確かである」。そして「そのような嫌悪すべきものが産まれる」のは、「父親と母親が、神と自然が命じた時期や法を敬うことなく、欲望に導かれるまま野獣のような性の交わりをもつときに行う淫蕩のため」なのだ。この言葉は、先に見たイングランドのフランシス・ブラウンの事例を想起させる。正しい規範を逸脱した性的な行動は神の怒りをまねき、その結果として奇形や怪物が産まれるのだ。

同じく第三章の前記引用箇所の少しあとで、パレはさらにこう述べている。「驚異は神の純然たる意志によってしばしば起こるのだが、それはなんらかの甚大な無秩序によって我々が脅かされることになる災難を我々に警告するためなのである」。パレはこのあと二つの例を挙げている。一つめの例は、一二五四年、イタリアのヴェローナで一頭の雌馬が人間の男の頭部をもち、身体のあとの部分は馬の姿形をした子馬を産んだが、そのあとでフィレンツェ人とピサ人とのあいだ

図30 「ラヴェンナの怪物」の図。アンブロワーズ・パレの1614年刊行フランス語版全集より。

で戦争が起こったというものである。

二つめの例は「ラヴェンナの怪物」として知られる有名なもので、パレのほかにも、フランスの年代記作者ヨハンネス・ムルティウァリッス、また、すでにふれた同時代のリュコステネスやボエステュオなどが論じている。ムルティウァリッスはまさにその怪物が誕生した年にこの怪物について報告している。

パレによると、一五一二年、イタリアのラヴェンナで頭部に角が一本生え、二つの翼と猛禽類のものに似た一本足を持つ怪物が産まれたのが目撃された。その膝関節には一つ目がついており、加えて両性具有であった（図30）。この怪物が産まれたのは、教皇ユリウス二世とフランス国王ルイ十二世とのあいだで行われた戦争の勃発を神が警告するためであった。十五世紀末から十六世紀中頃にかけてイタリア半島の覇権をめぐってフランス王国と神聖ローマ帝国とのあいだでイタリア戦争が起こったが、パレが言及している戦争はこのイタリア戦争の一幕をなすものだ。イタリア戦争には教皇やオスマン帝国も介入し、複雑な戦争と外交が展開されたことで知られる。

パレの語る驚異としての彗星

パレは驚異としての天変地異についても語っている。

一五二八年十月九日にウェストリに現れた血の色をした恐ろしい彗星以上に甚だしい大気の驚異を古代人が体験したことはなかった。この彗星はあまりにも恐ろしくおぞましかったために民衆に甚大な激しい恐怖を引き起こし、恐怖のあまり死んでしまう者もいた。また病に伏せる者もいた。この恐ろしい彗星は一時間十五分続き、日の出の方角から出現し始め、次いで南部に進んだ。それは度外れな長さをしていると思われ、そのうえ血の色をしていた。彗星のてっぺんには、あたかも突き刺そうとしているかのように、手に巨大な剣を握った曲がった腕の像が見られた。先端には三つの星があった。しかし、先端上まっすぐ位置する星は、他の星よりも明るく輝いていた。この彗星の光の筋の両側には膨大な数の血塗られた斧、短刀、剣が認められたが、それらのあいだに、この図で見るように、鬚と逆立つ毛髪をもった、たくさんのぞっとする人間の顔があったのである（図31）。

これはいったい何なのだろうか。

「彗星」と明記されてはいるものの、図像に見られるその具体的な描写はとても彗星とは思われ

図31　1528年に出現した彗星。アンブロワーズ・パレ著『怪物と驚異について』1585年より。

ない。パレはこれをボエステュオの著作から引用しているが、一五一〇年頃に生まれたパレは、十八歳頃にこの彗星を実際に目撃したのだろうか。そしてボエステュオ自身はリュコステネスから引用している。このような文献の参照関係は当時の驚異に関する情報の継受や共有化の状況を如実に示すものだ。

先の引用箇所の前の部分には次のような記述がある。

古代人たちは文書で私たちに次のように書き残してくれている。天空の面が何度も、鬚や髪の毛が生えた彗星、松明、炎、円柱、槍、盾、大雲、竜、二重になった月と太陽、その他の事がらによって損なわれたと。怪物に関する本書を完成するため、私はこれを省きたくない。

本書第一章で見たように、西洋世界における驚異観の重要な源泉の一つは古代ローマ人のプリニウスであった。プリニウスが「天空そのものの中で突然生ずる星」について次のように述べていたことを思い出そう。「ギリシア人はそれらを彗星と呼んでいるが、わが国のことばでは『長髪の星』と呼ぶ。それは、それらがその上部にもじゃもじゃの髪のように見える血のように赤い放射をもっているからだ」。

あらためて言うまでもなく、プリニウスの記述は十六世紀後半においてもその生き生きとした命脈を保っていたのである。彗星の話のあとに土星や火星などの諸天体の話を続けていることから察せられるように、パレは彗星を天文学的な現象の一つとして認識していたのだろう。その点で言えば、「プリニウスは中世とルネサンス期の科学と疑似科学に圧倒的な影響力を行使していた」のだ［Wilson］。

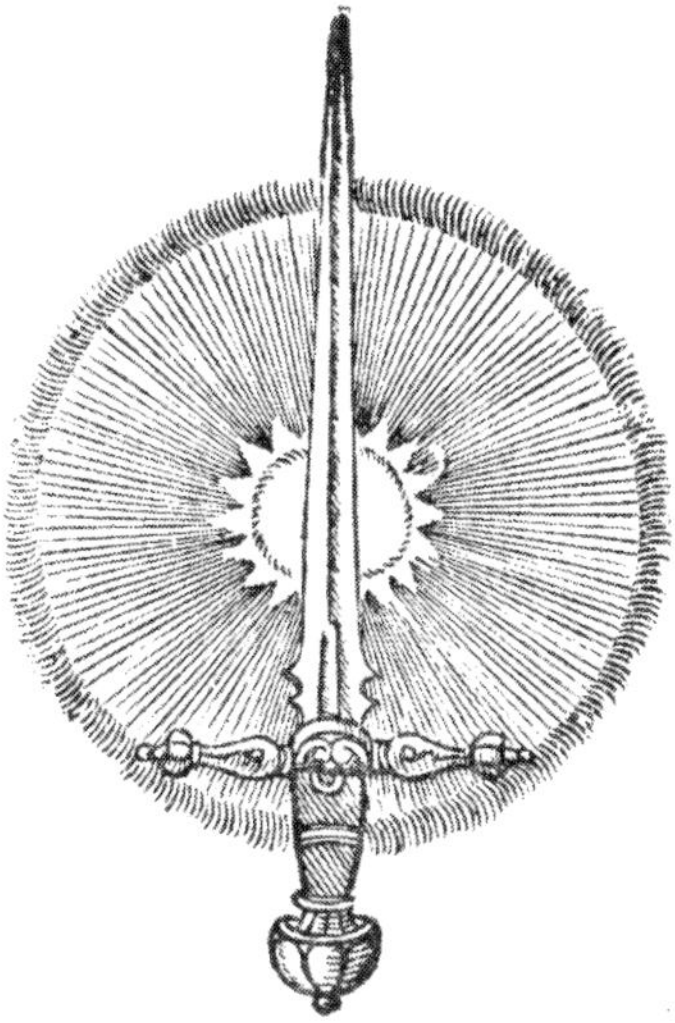

図32　エルサレムの神殿の上に現れた彗星。アンブロワーズ・パレ著『怪物と驚異について』1585年より。

しかしパレが彗星を天文学的な現象として捉えているからといって、断るまでもなく、それは近代科学的な意味ではない。彗星の話が第三十七章「天空の怪物について」で論じられていることからもわかるように、彗星は「怪物」にほかならないのだ。またパレは次のような話も述べている。

ヨセフスとエウセビオスが述べるには、

イエス・キリストの受難のあと、エルサレムの都市の悲惨な破壊は、いくつかの前兆、なかでも火で輝く剣の形をした恐ろしい彗星によってさえ示されていた。それは神殿の上空に優に一年のあいだ現れた。神の怒りが、火によって、血によって、飢饉によってユダヤの国に復讐したがっていることを証明しているようであった。それは起こったのである。そしてきわめて悲惨な飢饉が起こり、母親たちが自分の子どもを食べたのである。また、ローマ人たちの攻囲によって、その都市で百二十万人以上のユダヤ人が命を失い、九万人以上が売られた。なんらかの悪い結果をもたらすことなく、また不吉な結末を残すことなしに彗星が出現することは決してない（図32）。

凶事が起こることを知らせる凶兆として彗星の飛来が認識されているわけである。これもまた、プリニウス以来の解釈の踏襲と言えるだろう。ヨセフスは一世紀のユダヤ人歴史家で『ユダヤ戦記』の著者、エウセビオスはキリスト教最初の教会史家で『教会史』の著者である。

天空から降り注ぐ石、血！

パレは同章の最後の方で、ボエステュオの『驚異物語集』からの引用と断って次のような驚異の事例を次々に挙げる。

ハンガリーの国境に位置するスゴリで一五一四年九月七日、二百五十リーヴルの重さの石が恐ろしい破裂音とともに空から降ってきた。住民たちはそれを彼らの教会の真ん中に鉄製の太い鎖で［吊るして］設置させた。そして大いなる驚異とともにその地方を旅する人々の目に供されている。いかにして空がそのような重さを支えられるのか驚異的なことである。

一リーヴルは五百グラムなので、天空から降ってきた石の重さは六十二・五キログラムということになる。これは隕石であろうか。

さらにパレは天空に敵対する二つの軍隊が現れて合戦が行われたという事例を挙げて、それは「一五三五年の午後二時頃、ユーベンという名の町近くのルサリエで目撃された」と述べる。加えて再びボエステュオの『驚異物語集』から次のような事例を引用する。

一五五〇年七月十九日、ヴィッテンベルクの都市からあまり離れていないザクセン地方で、二つの大軍に包囲された大きな鹿が空に目撃された。それらの軍隊は交戦しながら大きな騒音を立てていた。そしてまさにそのとき豪雨のように地上に血が降ったのである。それから太陽は二つに裂けたが、その一方は地上に落下したと思われる。

果たしてこれは現実に起こったことなのだろうか。このような問いかけが不毛であることはすでに何度も述べた。私たちが汲み取らなくてはならないのは、近世ヨーロッパ人の想像界のある意味で豊饒な様相なのだ。パレがこのような天空の驚異について語る際に引用しているのは、またもやプリニウスである。

プリニウスが述べるには、キンブリ族の戦争のあいだ、空から武器のがちゃがちゃいう大きな音と一緒にトランペットとクラリオンの音が聞こえた。同じく彼がさらに述べるには、マリウスが執政官であったあいだ、空に軍隊が現れた。一つは東方から、もう一つは西方からやって来て、長いあいだお互いに戦った。そして東方のものが西方のものを押し返した。

すでに第一章で見たように、プリニウスは『博物誌』のなかで天空から降り注ぐ「ミルクと血」「肉」「鉄の雨」「羊毛」「焼き煉瓦」について述べていた。パレはこのほかに中世に起こった同様の事例について言及している。四五八年、イタリアで大小の肉の切れ端が天空から降り注ぎ、鳥に食べられずに地上に落ちた肉片は長いあいだ腐らなかった。九八九年、神聖ローマ皇帝オットー三世の治世のとき天空から小麦が降った。同年のヴェネツィア市近郊では血のような真っ赤な雪が降った。一四五三年、オスマン帝国によって東ローマ帝国の首都コンスタンティノープルが陥落させられたあと、天空に無数の犬や他の獣と一緒に大軍が現れた。そしてパレが生きていた同時代の一五六五年、ドル司教区で大量の血が天空から降り注ぎ、イングランドでも同じことが起こったのだと言う。
ここでアナール学派の創始者の一人リュシアン・フェーブルのある意味で愛情に満ちた過去のフランス人に対する言葉を思い起こすことも無駄ではないだろう。

フランス十六世紀の具体的な人間、生きている人間、骨と肉とを持った人間と、われわれ二十世紀のフランス人とは、ほとんど似たところがない。あの野人、あの放浪者、あの村人。彼は何とわれわれから遠いことか！

ことは十六世紀と二十世紀のフランス人の違いに限られるわけではない。十六世紀のヨーロッパ人と二十一世紀の非ヨーロッパ人との違いにも当てはまることだ。肝要なのは、歴史的世界の人々の心性を虚心坦懐に解読することである。

地震と火山噴火

パレは同じく第三十七章の最後の段落で、「怪物的なことがら」、すなわち驚異が天空にのみ見られるのではなく「太陽と月にも起こる」と述べ、リュコステネスを引用して次のように述べている。

皇帝カール五世の時代、マグデブルクの包囲のあいだ、朝の七時頃、三つの太陽が現れた。そのうちの真ん中のものは非常に明るく、他の二つは赤色と血色を帯び、一日中姿を見せていた。そのうえ夜になると三つの月が現れた。

この出来事は一五五一年に起こったとされる。カール五世は十六世紀前半に神聖ローマ皇帝として在位し（一五一九―五六）、スペインとドイツにまたがる空前の大帝国を築いたことで知られる。しかしカトリックの立場からプロテスタントを弾圧し、後半生はその対応に苦慮した。そのような新旧教会の抗争のなかでマグデブルクはプロテスタントを守り、皇帝の激しい攻囲を受けて損害を被った都市であった。マグデブルク攻囲戦のさなかに天空に出現したという三つの太陽と三つの月の驚異は何を意味しているのだろうか。彗星の出現については凶兆と明言していたパレだが、ここでは何も語っていない。

この引用の直後にパレは「この同じことが一五五四年にバイエルンでも起こった」と続けている（図27参照）。パレはこの驚異についても、その意味は語らない。翌年の一五五五年はアウクスブルクの宗教和議が開催された年である。和議の結果、ドイツの諸侯はカトリックかルター派プロテスタントかの宗教選択権を得ることになった。アウクスブルクはバイエルン地方の都市である。そしてカール五世はアウクスブルクの宗教和議の翌年、失意のうちに皇帝の座を退き、スペインの修道院に入り一五五八年にその生涯を終えたのであった。この驚異は皇帝死去の凶兆とも言えなくもないが、パレが何も語っていない以上、推測の域を出ない。

パレはこのような天空の驚異の話に続け、「そしてもしも空においてこのような異常な出来事が起こるとすれば、大地が同じくらいに、あるいはそれ以上に驚くべき、また危険な結果を生み出すのを私たちは目にするであろう」と述べ、驚異としての地震について語り始める。

五四二年、全陸地が揺れた。しかもエトナ山が大量の炎と火の粉を噴出した。そのため前記の島の都市、村、地所の大部分が焼き尽くされたのである。

この島はシチリア島のことだ。第三十八章では十六世紀の地理学者アブラハム・オルテリウスの『世界の劇場』（一五八三年）を引用してシチリア島で起こった「地震という驚異」が淡々と年代記風に語られていく。古代ローマ時代、中世の時代の地震発生とその状況について述べたあと、最近の事例について次のように述べている。一五三七年五月一日に起こった地震である。

シチリア全島が十二日間震動した。そのあと大きな大砲とまったく同様の爆発音とともに恐ろしい雷鳴が聞こえた。それによりいくつもの家がこの島全土で崩壊した。これが約十一日間続いた。そのあと山はいくつもの、また様々な場所で裂けた。そしてその裂け目と割れ目から前記の山から流れ落ちた大量の火炎が流出し、四日間に十五里四方に存在したすべてのものを壊滅させ灰燼に帰せしめた。まことにいずれにしても、いくつもの村が完全に焼けて壊滅したのである。カターニャの住民と自分たちの都市を放棄した他の多くの人々が野原に逃げた。そのあと少しして山頂にある噴火口が三日続けて大量の灰を撒き散らしたため、この山がそれで覆われるだけでなく、それに加えて大量の灰はこの島のもっとも端にまで、さらには海を越えてカラブリアまで風によって広がり流された。メッシーナ［シチリア島北東岸の都市］から、この島より三百イタリア里離れているヴェネツィアに行くため海を航行するいくつもの船が、前記の灰で損傷を受けた。

シチリア島で起こった地震は凶兆なのだろうか。パレはこれについても語らず、ある意味、客観的な事実描写に終始している。プリニウスを盛んに引用していたパレだが、プリニウスが地震について、「凶兆としての驚異」と「自然の力の現れとしての驚異」の二側面から捉えていたことを思い出そう。そうすると、パレは後者の説に傾いていたということになる。

「神の怒りの徴＝凶兆」から「自然の原因」へ

パレには、驚異を「神の怒りのしるし＝凶兆」として解釈する立場から、その「自然の原因」を探究しようとする立場への移行が見られるわけだが、このような傾向はパレに限定されるわけではない。パレの例が端的に示しているように、それは十六世紀の大都市に住む知識人の知的傾向として萌芽的に見られ始めたものであった。
パレが『怪物と驚異について』の第二章「怪物の原因について」で列挙している合計十三の原因は次の通りである。

第一は神の栄光。第二は神の怒り。第三は精液の過剰。第四は精液の過少。第五は想像力。第六は子宮の狭窄《きょうさく》と小ささ。第七は母親の慎みのない座り方。妊娠しているにもかかわらず、長時間足を組んで腹部を締めつける姿勢をとり続けるように。第八は妊娠している母親の転倒、もしくはその腹部に対して加えられる打撃。第九は遺伝病、あるいは偶発性の病によるもの。第十は精液の腐敗と汚染。第十一は精液の混交・混合。第十二はみすぼらしい乞食のペテンによるもの。第十三は悪霊もしくは悪魔によるものである。

第一と第二の原因は神に関わるものだ。第一の原因について述べているのは第二章「神の栄光の例」だが、その分量はきわめて少なく、一例が具体例としてコンパクトに述べられているにとどまる。イエスが盲人を開眼させたという話だ（「ヨハネによる福音書」九）。第三章「神の怒りの例」で述べられている第二の原因に関してはすでに述べた。その分量は第二章より若干多い。
パレが力を傾注し、豊富な分量で記述するのは、十六世紀当時の医学水準という限界は当然あるとしても「自然の原因」にほかならない。精液の過剰と過少、腐敗と汚染、混交と混合、子宮の形状、遺伝病などがそれにあたる。乞食のペテンによる事例（ひどい癲病や痔疾など身体的傷病を患ったふりを装い人々を騙《だま》して金を巻き上げる）や悪魔による事例、また新大陸など異境の地で発見された怪物などの事例も相応に記述されているが、人間の身体という自然に対するある種の客観的・合理的な眼差しが注がれ始めたことに注意するべきであろう。

レウィヌス・レムニウス（一五〇五―一六八）もパレと同様の眼差しをもっていた人物であった。レムニウスはネーデルラントの医者で『自然の秘密について』（ラテン語、一五六四年初版）の著者として知られる。このなかでレムニウスが述べるには、怪物のもっとも普通の原因は「子宮の組織の欠陥、汚れて腐敗した精液、無秩序な性交」にある（引用は英訳一六五八年版）。レムニウスは近親相姦、同性愛、獣姦などの厭《いと》うべき性関係に関する禁止が述べられている「レビ記」十八章を引用しているが、それは怪物がそのような性関係に対する神の罰として産まれるということを言いたいためではなかった。レムニウスが注目しているのはその第十九節「月経の汚れを持つ女性に近づいて、これを犯してはならない」の箇所であった。レムニウスによれば、月経中の女性と交わった結果産まれる子どもは「自然にしたがって不完全となる」が、それは「生殖において自然の法を淫らに踏みにじった」両親の過失にほかならなかった。レムニウスにとって、怪物・奇形の誕生は両親が犯した罪に対する罰ではなく、両親の肉体的行為がもたらした自然の結果として認識されていたのである。

残存する「神の怒り」としての驚異

パレやレムニウスなど十六世紀の先駆的な知識人が怪物の誕生に自然的・身体的な原因を探求していたのとは対照的に、中世的な解釈を引き続き温存していたのが民衆であった。先に言及した一六〇〇年にイングランドで出版されたパンフレット「神の驚くべき審判についての最も異様で真実なる論説」をあらためて見てみよう。パレやレムニウスの著作から数十年経っているが、驚異の説明における「神の怒り」の比重は依然として重い。

パンフレット作者によれば、「現在がそうであるように、人々が驚くべきほどに不道徳のうちに生きているとき」神は驚異をお示しになる。神がお与えになる裁きのうちに含まれるのは、「疫病、ペスト、戦争、飢饉、食糧難、新来の病、彗星、煌《きら》めく星、閃光、大気における怪光と怪しい音、人間と動物の怪物などである」。この記述はパレとほとんど変わるところはない。しかし怪物・奇形の原因についてパンフレット作者が語るとき、片田舎に住む民衆のきわめて保守的な態度が明らかになるのだ。その考え方はパレとは明らかに異なる。

パンフレット作者は七つの原因を挙げる。①無知、そして神の戒律を守ることに失敗すること、②人間の生には限りがあり、聖なる生活を送る必要性があることを忘却すること、③洗礼の誓いを守ることに失敗すること、④子どもが甘やかされ、十分厳格に養育されないこと、⑤全人類が免れない原罪に加えて、肉欲に対して度を超えた欲望を抱いたこと、⑥聖書を読まないこと、⑦

怪物の誕生に関する書籍を無視すること。パンフレット作者の考えでは、こうした書籍は複写して、当該の怪物・奇形を産んだ両親はもちろん、好色なならず者（yonker）や卑しいあばずれ女に与えられるべきであった。彼らを怯えがらせて悔い改めさせるためである。

パンフレット作者が挙げる怪物誕生の七つの原因は、ほぼすべてが「神の怒り」に関わるものと言ってよいだろう。一見、これに該当しないと思われる④も、言うまでもなくキリスト教の道徳観なしには成立しないし、⑦も「悔い改め」が最終的な到達点なのだ。パンフレットの制作はレムニウスやパレの著作から四半世紀は経っていたのだから、その内容に彼ら先達の知識人たちの見解を盛り込むこともできたのではなかろうか。しかしパンフレット作者はそうしなかった。彼の関心は、過去に起こった性的逸脱の罪（近親相姦の罪）に対して神がお怒りになり、罰を与えた結果として怪物・奇形が産まれたことを力説し、将来同様の悪行にふけりそうな者たちに対して警告を与えることにあったのである。

確かに、パンフレット作者の怪物描写の客観性と正確さについては一歩時代に先んじていたと言えるかもしれない（無毛髪、眼窩なしの両目、口唇裂、皺の多い顔面など）が、その原因の説明に関しては中世以来の伝統を踏襲していたのである。

パレと好奇心

さて、奇形、怪物、天変地異、異境の珍奇な生き物など多様な驚異について縦横無尽に語り尽くすパレだが、執筆に彼を駆り立てたものはいったい何だったのだろうか。不可思議なものや未知のものを見たり聞いたりしたいという欲望、それは本書でこれまでたびたび言及してきた「好奇心」にほかならない。では、パレは好奇心についてどのように語っているのだろうか。実際に彼の言葉遣いを見てみよう。

『怪物と驚異について』の第十六章「自然がその人知を越えた摂理によって押し戻すいくつかの奇妙な事どもについて」のなかで、鏡の破片を呑み込んだ子どもの驚異についてパレは次のように述べている。

ノートル・ダム・ド・パリ新通りの角に住んでいるド・プラールという名のラシャ製造職人の二十二カ月になる子どもが、鋼製の鏡の破片を呑み込んだ。それは睾丸まで下降し、死因となった。死亡後、パリ大学医学部教授ル・グロ殿の臨席のもと解剖された。解剖は当時オテル・デューの外科医であったバルタザール親方により行われた。私は真実を知りたいという好奇心から、前記ド・プラールの妻に話に行った。彼女はことの次第は真実であると断言した。

「真実を知りたいという好奇心」――この言葉は、中世において流布していた「悪徳としての好奇心」のイメージと明らかに異なる。子どもを死に至らしめた鏡片の誤飲と口から睾丸までの下

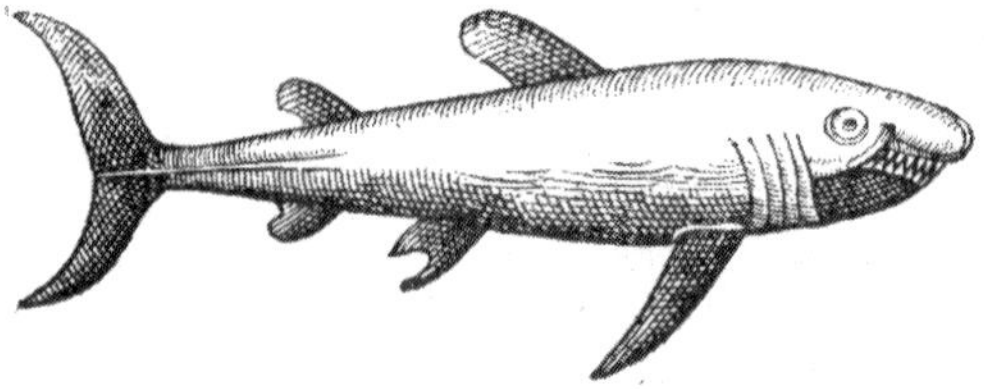

図33 「ラミア」の図。アンブロワーズ・パレ著『怪物と驚異について』1585年より。

降という驚異の原因を知りたいという欲望がパレを突き動かしているのだ。外科学という実践的学問を追求しようとするパレの姿勢が好奇心の発露に結びついているのである。それはやがて十七世紀に開花していくことになる自然科学探究の原動力になるものと言ってよいだろう。

またパレは、ラミアと呼ばれるサメの生態を驚異として述べている箇所で好奇心という言葉を肯定的に使用している（図33）。「海の怪物」について述べている第三十四章につづく補足の章「ラミアについて」のなかで、ゲスナーを引用し、捕獲したラミアを切開すると胃袋から数匹の犬が丸ごと見つかった話や、ロンドレを引用してラミアの「歯が鋸《のこぎり》のように両側がギザギザになった三角形の形状をし、六列に並んでいる」とラミアの口中の話をしたあと、パレは次のように述べる。

> 私はリヨンのある裕福な商人の家で大きな魚の頭部を見たことを覚えている。その魚はこの描写に似た歯を持っていた。私はこの魚の名称を知ることができなかった。今では、それはラミアの頭部であったと考えている。私はそれを、只事ではない怪物的な事がらを見ることに強い好奇心をお持ちの亡きシャルル国王に御覧に入れるこ

とを提案した。

「強い好奇心」の持ち主として国王が形容されているのだ。さらにその好奇心は驚異好きという性格に結びついているのである。

パレが好奇心について肯定的に述べているもうひとつの箇所は、エトナ山の噴火について語っている第三十八章の最初の段落である。エトナ山の噴火について詳しい記述を残したドミニコ会修道士トマゾ・ファツェッロ（一四九八―一五七二）のことを、「それ〔エトナ山の噴火〕を非常によく観察して少なからぬ好奇心で描写した」ファツェッロと形容しているのである。

以上の記述から考えると、パレは好奇心を肯定的に評価し、ある種の知的原動力とみなしていると言ってよい。

「知的原動力としての賞賛されるべき好奇心」。それは近代科学の発展を保証することになる起動力となるものであり、近代知のメルクマールになるものと言ってよい。

だが、しばし立ち止まろう。その評価は早計に過ぎるのだ。パレは第二十五章「悪魔と魔術師によってなされる怪物的な事がらの例」の最初の段落で好奇心について次のように述べているからである。

魔術師になる者どもは次のような態度をとる輩である。すなわち神の約束と援助に対して不誠実で不信感を持つ者、もしくは侮蔑感を持つ者、あるいは秘密の、また未来の事がらを知ろうとする好奇心を持つ者、あるいは極貧にせきたてられて金持ちになりたいと熱望する者である。魔術師が存在することをいかなる者も否定できないし、疑う必要もない。なぜならそれは古今の幾人もの博士たちや解釈者の権威によって証明されているからである。

ここでパレが述べている魔術師は魔女と読み替えてよい。十六世紀の人間であるパレは当時のほとんどすべての人々がそうであったように、魔女や魔術師の実在を堅く信じていた。そして悪魔の助力のもとでなされる魔女や魔術師の様々な邪悪な行いは、「怪物的な事がら」すなわち驚異にほかならなかった。この時代には中世に見られた奇蹟・驚異・魔術の三区分は崩れ去り、驚異と魔術との癒着が起こっていたことを忘れてはならない。まさにパレの立場はこのことを赤裸々に示しているわけだ。

ここで注意しておきたいのは、好奇心が魔女や魔術師を生み出す原動力の一つとして明確に位置づけられていることである。それは中世以来の「悪徳としての好奇心」の系列に属するものと言ってよい。このように見ると、パレは「知的原動力としての賞賛されるべき好奇心」と「悪徳としての好奇心」という二つの好奇心観を持っていたことになる。いわば「好奇心の近代化」の狭間にパレは位置するのだ。このことを確証していくためには、近世における二つの好奇心観の諸相を十分に検討する必要がある。

そこで次に、近世における好奇心の問題そのものを見ていくことにしよう。

近世における好奇心

なにゆえ両親は私を行かせたのか?
知識で心を飾り立てるかもしれぬ学校に
知りたいという欲望が最初に人類を愚かにしたから、
それで全人類の祖先が堕落したのか?

しかし我ら不運なる後裔は何をするのか?
我らは禁断の果実を今なお味わっていないか?
愚かで無益な好奇心をたずさえ
不敬な書物のなかに隠された知識を探し求めるあいだ

このように詠うのはイングランドの詩人・政治家サー・ジョン・デイヴィス(一五六九―一六二六)である。彼はイングランド国王ジェイムズ一世の庇護を受け、アイルランドの法務長官を務め、抑圧政策を推し進めたことで知られる。この詩は一五九九年に出版された『汝自身を知れ』に収められているものだ。この詩から読み取れることは、特定の目的を抱かずに知識を探求することは「無益な好奇心」に淫することであり、「知りたいという欲望」はアダムとエヴァがエデンの園で犯した原罪に由来するということである。まもなく十七世紀になろうとしていた時代のイングランドでは、中世以来の「悪徳としての好奇心」が命脈を保っていた。

先取りして言えば、近代において科学的な知識は客観的なものとみなされるようになるわけだが、その際に必要であったのが「好奇心の名誉回復」であった。好奇心が悪徳とみなされなくなり、学問を追究する知的原動力として好奇心が見直されることによって、それまで「好奇心への耽溺《たんでき》」という学者の道徳的資質の結果として生み出されたものと理解されていた知識のある種の主観性が廃棄されることになった。しかし、十七世紀前後の時代、好奇心はまだそのようには完全に認識されていなかった。「好奇心の名誉回復」は緩慢なプロセスであった。

宗教改革者は聖書を文字通りに解釈する立場に立って、アダムとエヴァの原罪の話と好奇心の関連性をより強固なものとして捉えた。たとえばカルヴァンは次のように考えていた。知識を求める欲望が人間の自然の特徴であるというアリストテレスの見解は認める。だが、それがコントロールされない場合は、結果として好奇心がもたらされる。そしてエデンの園における蛇の誘惑の話を持ち出して次のように言うのだ。「知識を求める欲望は人間に生まれつき備わっているものであり、幸福はそのなかに位置づけられると考えられる」。だが、「エヴァは神の意志によって定められた彼女の知識の超えてはならない限度を踏み越えてしまったのである」。その結果、エヴァの末裔たち、すなわち人類はエヴァの犯した最初の過ちを繰り返すことになる。カルヴァンは断言する。

私たちはすべて、日々同じ病に苦しんでいる。なぜなら私たちは適切である以上に、また神がお許しになる以上に知りたいと望んでいるからだ。

アダムとエヴァの堕罪の結果として起こった理性の腐敗と知りたいという欲望は、「うぬぼれから生じる好奇心」から生じるのである。「うぬぼれ」、それは「高慢」のことである。

好奇心に対する激しい攻撃

カルヴァンの言葉が示しているように、十六世紀末のイングランドではピューリタニズムが高揚するに伴い、好奇心と熱心すぎる学問上の努力に対して警告する表現が説教集、寓意画集、道徳心を説く文献、聖書注解書など広範なジャンルの印刷物に現れるようになった。このような事態は、人間の尊厳と学問の価値を強調するルネサンス文化とはまったく対照的であった。ルネサンス期を通り過ぎた時代に、実は好奇心と学問上の過度の研鑽《けんさん》が断罪されたわけである。

好奇心を批判した著作家のほとんどが、その淵源を人類の祖先の堕罪にさかのぼらせて考えていた。たとえばピューリタンの説教師ウィリアム・パーキンズは『魔術という忌まわしき術についての論述』（一六〇八年）のなかで次のように述べている。エデンの園において人類の祖先が蛇から受けた誘惑には多くの罪が含まれていた。そのうちの筆頭のものは「不満」であった。なぜならアダムとエヴァは彼らの定められた運命に不満を抱き、神と同じようになろうとしたからである。この知的不満足のなかに好奇心の種子も胚胎していた。

不満の第二段階は心のなかに、人間の内側にある。すなわち好奇心である。人間が神より賜った心中の贈物の限度に飽き足らず、神が秘密にしておかれたかったようなことがらを探求したいと熱望するとき、それは生じる。

パーキンズと同じく雄弁で知られたピューリタン説教師ヘンリー・スミスは会衆たちに次のように説いた。「奥義［神の啓示がなければ認識できないことがら］を探し求める際に好奇心をもってしてはならない」。許されているのは、「ソロモン王がしたように神の知識を望むことであって、エヴァがしたように知識を望むことではない」（『ヘンリー・スミス師の説教』一五九二年）。ヘブライ王国の最盛期を築いた知恵深い王として知られるソロモン王の行為は推奨されるべきものであったとしても、エヴァのそれは好奇心にもとづくがゆえに否定されるべきものであった。ここで注意しておきたいことは、エヴァすなわち女性の好奇心が男性のそれよりもネガティブに認識されていると思われることである。このことについては次章であらためて考えてみることにしたい。

好奇心にもとづいて知識を得ようとする姿勢に対する批判を主導したのは確かにピューリタン

であったが、同様の傾向は広くヨーロッパに見られるものであった。また好奇心についての議論は道徳家《モラリスト》や神学者の専売特許であったわけではない。この「知的な悪徳」については、詩人、散文著作家、劇作家なども自身の作品のなかで言及した。

たとえばフランスの宮廷人ピエール・ド・ラ・プリモディが著した『フランス・アカデミー』は一五九四年に英語訳の梗概が出版され大きな影響を与えたことで知られるが、ド・ラ・プリモディは次のように述べている。人間はその魂のなかに「至高の善へと向かう愛に溢れた誠実な傾向」を刻印していた。その傾向は、「いわばあらゆるもののなかに至高の善を探求しようという力によって引き出されるものだ」。しかるに、「人間の腐敗ゆえに、人間に充満する、ものごとに関する無知と理性の不完全さによって、人間は大部分が邪悪なことに精を出し喜びをおぼえることになる」。こうして人間は「その本性である純真さと最初の慎み深さを捨て去り、うぬぼれから生じる好奇心で心を養ったのだ」。

カルヴァンとド・ラ・プリモディがともに言及している「うぬぼれから生じる好奇心」という言葉は、中世以来の「七つの大罪」の一つである「うぬぼれ」と結びつけて考えられていた。七つの大罪とは、うぬぼれ（高慢・虚栄）、貪欲、色欲、大食、憤怒、嫉妬、怠惰のことだが、なかでも「うぬぼれ」はその内に、より軽い様々な罪を含み込む道徳的な罪のかしらとも言うべきものであった。アウグスティヌス、セビリャのイシドルス、クレルヴォーのベルナルドゥス、ジャン・ジェルソンの「好奇心と高慢」とを結びつけた議論を思い出そう。この議論は近世に至るまで生き生きとした命脈を保っていたのだ。「好奇心と〈うぬぼれ＝高慢〉」の無限のらせん的な関係を端的に表現しているのは十七世紀前半のロンドンのピューリタン神学者ジョン・ダウナムである。ダウナムはこう述べる。

> 我々は自らの精神的なうぬぼれを克服するために努力しなければならない。それはこの無用な好奇心の母親、乳母なのだ。
>
> 好奇心はその持ち主を高慢にするくだらない知識を積み上げることに邁進させる。
>
> 好奇心はうぬぼれでその人をのぼせ上がらせ、自分が卓越しているとの尊大な慢心を生み出し、他のすべての人々を侮蔑するように仕向けるのだ（『キリスト教徒の闘争第二部』一六一一年）。

「知的原動力としての賞賛されるべき好奇心」と「悪徳としての好奇心」とのあいだで揺れ動くパレの好奇心観は、以上のような近世における好奇心断罪の風潮のもとでとらえなければならない。パレが魔術と好奇心とを関連づけ、好奇心について否定的に言及するのは当然であったと言えるのである。

魔術・驚異と好奇心

これまで様々な具体例を通して見てきたように、怪物や奇形の誕生、彗星の飛来をはじめとする天変地異の頻発、新大陸アメリカの珍奇な動植物の発見などヨーロッパの近世社会では人々の耳目を驚かせ、感嘆させ、恐れさせる驚異が文字通り繁茂したのだった。そして驚異に対する人間の認識のありようを考えるとき、重要な役割を果たしていたのが好奇心なのであった。

「見たい、知りたいという欲望」としての好奇心は、現代でこそ科学の発展や学問の進展に必要不可欠なものとして位置づけられる。すなわち「知的原動力としての賞賛されるべき好奇心」である。しかしヨーロッパでは古代・中世を経て近世に至るまで、好奇心に対する評価は芳しいものではまったくなかったのである。

「悪徳としての好奇心」から「知的原動力としての賞賛されるべき好奇心」への変化はなぜ起こったのか。この問題を考える際に逸してはならないのが、パレ、そしてテヴェも言及していた魔術と好奇心との関係である。度々ふれてきたように、「驚異」と「魔術」は「奇蹟」とともに隣接概念であり、なかでも驚異と魔術は中世末から近世にかけて癒着を起こし、神と結びつけられる奇蹟とは異なり、悪魔との関連性をいっそう深めていた。そして魔術こそ、ヨーロッパの近世社会に生きる人々に対して不安と恐怖を与えたものであった。

アナール学派の泰斗ジャン・ドリュモーはルネサンスの人々の心性について次のように述べて

いる。「ルネサンスの人々」は「近世の人々」と言い換えてよい。

ルネサンスの人々は怪物的な存在をあれこれ描写したり、人をあっと驚かす出来事を語ったりひけらかしては喜んでいたのである。そして次のようにも感じてもいた、明らかに関連のある魔術師と神への冒瀆と全く軌を一にして、異常な出来事が増え始めていると。当時、魔術は世界が混乱していることの最も明白な証左であると思われていたのだ（『罪と恐れ』）。

十六世紀後半から十七世紀前半にかけての西ヨーロッパでは魔女狩りが猖獗《しょうけつ》をきわめた。悪魔の手下である魔女が人々の日常生活に様々な害悪を与え、最終的にはキリスト教世界を転覆しようとしていると考えられていたのである。人間や家畜を襲う突然の病や死、飢饉をもたらす天候不順など人知の及び難い災難の多くが魔女が行う魔術の仕業とされた。魔女は夜の集会「サバト」に集まり、神の代わりに悪魔を崇拝し、乱交や食人を行うきわめて邪悪で忌まわしい輩であった。

魔女狩りが猛威を振るった時代は驚異が増殖した時代でもあったことをいま一度思い出しておきたい。そしてこの時代に、「悪徳としての好奇心」から「知的原動力としての賞賛されるべき好奇心」への変化が起こったと推測されることに十二分に注意しておきたい。この「好奇心の変貌」と言える現象は、ヨーロッパにおける近代的な学知が展開していく上できわめて重要な意味をもっている。

このように見ると、「好奇心観の変化」の重要な要因は、これまでの好奇心に関する研究では見過ごされてきた視点、すなわち「魔女・魔術と好奇心との関係」を問うことのなかにあるのではないかと思われる。次の最終章では、この問題を考えていくことにしたい。

第四章

「魔女と好奇心」、そして近代的精神の成立

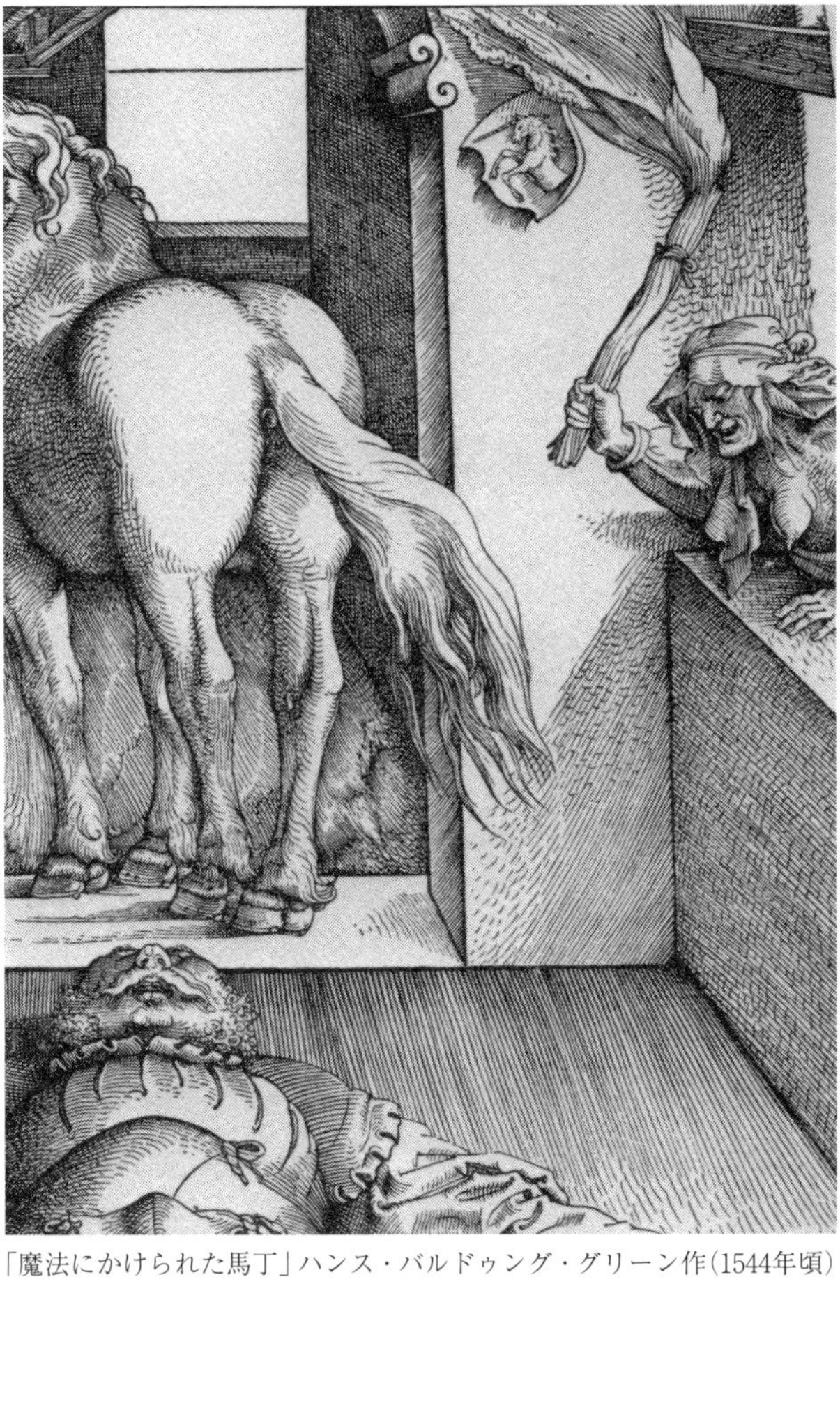

「魔法にかけられた馬丁」ハンス・バルドゥング・グリーン作(1544年頃)

この男は身分低い家柄の両親のもとに生まれました、
所はドイツ、ロウダと呼ばれる田舎町でございます。
成長して後はヴィッテンバーグに上りましたが、
そこでは、親戚が主にこの男を養いました。
スコラ学の中でも最も実り多い学問
神学の利点をこよなく愛しましたので、
この男は早々に博士の学位で飾られ、
神学の聖らかな命題を論じることに
至上の悦びがあると考える者たちを総べて追い抜きましたが、
この男の知識へのうぬぼれは増長する一方、
やがてこの男の蠟の翼は昇る限界を超えて舞い上がってしまいました。
今やその翼は熔け始めております。天はこの男の墜落を謀ったのであります。

「知識へのうぬぼれ」を増長させたこの男、名をフォスタスと言う。

この引用文によると、彼はギリシア神話のイカロスと同じ運命をたどるのだ。イカロスは鳥の羽根を蠟で固めた翼で空高く飛び上がったものの、高く飛びすぎるなという父親の警告を無視し、太陽熱で蠟が溶けて墜落死するという悲惨な運命をたどったのだった。

フォスタスは、言わずと知れたドイツの文豪ゲーテの詩劇『ファウスト』の主役、魔術師ファウストのことだ。ゲーテがこの作品を出版したのは十九世紀初めのことであるから、時代はすでに近代に突入していた。ここで引用した文章はシェイクスピアの先駆けとされる十六世紀後半のイングランドの劇作家クリストファー・マーロウ（一五六四―九三）の『フォスタス博士の悲劇』（一五八八年頃）からのもので、近世の時代のものである。

この作品がマーロウだけによって完成させられたものかどうかは定かでないが、十七世紀前半にロンドンで出版された二系統の版本によって現在に伝えられている。一六〇四年から一一年にかけて出版された三種類の版本（Aテキスト）と一六一六年から三一年にかけて出版された六種類の版本（Bテキスト）であり、BテキストのほうがAテキストより約六百行多い。本書で引用するのはBテキストを土台にAテキストからも採り入れたものだ［永石「フォスタス博士」解説］。いずれにせよ、十五世紀末から十六世紀初めにかけて実在したとされる魔術師ファウストをめぐる話は伝説化し、十六世紀末にドイツで集成され、マーロウの作品により初めて「文学」として世に現れることになった。

ファウストの実像

ファウストは悪魔と契約を結び、この世のあらゆる知識と特殊な能力を手に入れるのと引き替えに、契約が完了する二十四年後に自らの魂を悪魔に譲り渡した人物である。ファウストは悪魔メフィストフェレスを召使として使役し、様々な不可思議なことや悪事を行ったが、契約満了のとき、その身体は悪魔によって八つ裂きにされ絶命したと言われる。その行く先は無論、地獄であった。

実在したとされるファウストだが、その正確な生没年や経歴は不明で、ヨハンかゲオルクか名もはっきりしない。姓のファウストはラテン語で「幸福な」を意味するファウストゥス（faustus）に由来すると言われている。

ファウストは一四八〇年頃、西南ドイツのクニットリンゲンで生まれ、ハイデルベルク大学で神学を学んだようである。一五二〇年のバンベルク司教の報告書、一五二八年のインゴルシュタットと一五三二年のニュルンベルクの公的な記録にはファウストを「博士」という称号で呼んでいる記述があるので、それを信じるならば博士号を持っていたことになる。だが後者二つの記録は「ファウストゥス博士」を「降霊術師」及び「男色者」として市外追放する旨を語っているものであることに注意しなければならない。ファウストは存命中から悪評にまみれた人物であった。一五四〇年頃以降に存命していたことを示す記録がないことから、この頃にはこの世を去っていたようだ。

ファウストについて記述している同時代の証言をひとつ引こう。ドイツの神学者であり、シュポンハイム大修道院長を務めたヨハンネス・トリテミウスのものである。トリテミウスはシュポンハイム大修道院長時代、修道院改革に邁進し、その図書館を初期のドイツ人文主義の一大拠点にしたことで知られる。トリテミウスはファウストなる人物に関する情報を書簡で尋ねてきた知人に対して、一五〇七年に次のように返信している。

あなたがお尋ねのその男、ゲオルギウス・サベリクスですが、降霊術師の王だと恐れはばかることなく自称していますが、放浪の無宿者、馬鹿者、詐欺師です。忌まわしいことや聖なる教会に反することを軽々しく人まえで公言しないように鞭打ちで罰するに値する輩です。

ゲオルギウスはゲオルクのラテン名、サベリクスはローマ北東部に住んでいた古代民族サビーニ人のことで魔術に長けていたと言われる。ファウストはゲオルギウス・サベリクスと自称していた。またトリテミウスは、ファウストがイエスを凌ぐ奇蹟を起こすことができると豪語していたことも指摘している。無論、ファウストが起こすことができると主張することが神に由来する奇蹟であるはずがない。それは悪魔に由来する「驚異＝魔術」であった。

トリテミウスは魔術を非難する『魔女に関する証言』（一五〇七年）を著しているが、そのなかでファウストを新約聖書「使徒言行録」（八：九―二四）に出てくる魔術師シモンになぞらえている。シモンはサマリアの町で「魔術を使ってサマリアの人々を驚かせ、偉大な人物と自称していた」が、聖霊を人々に与える使徒たちの姿を見て、その力を金で買おうとしてペトロに叱責された人物である。

実はトリテミウス自身、魔術に対する嗜好があり、魔術と哲学を同一視する思想の持ち主であったが、彼の言う魔術は自然魔術であり、魔女が行う邪悪な魔術とは一線を画するものであった。トリテミウスが一五〇八年に著した自伝には、自然魔術に関する自分の師として十三世紀の教会博士アルベルトゥス・マグヌスや同時代のイタリアの人文学者ジャンフランチェスコ・ピコ・デッラ・ミランドラが挙げられている。言うまでもなく、トリテミウスはファウストを魔術に関心を持つ同士とはみなしておらず、悪魔的魔術にたずさわる邪悪な輩と考えていた。またトリテミウスはファウストに実際に会ったことはなく、ファウストに関する情報はすべて伝聞によるものであったことにも留意しておくべきだろう。それほどまでにファウストの悪評は高かったということだ。

ファウスト伝説

ファウストの死後、ファウストに関連する様々な話が蓄積されるとともに、ファウストと同時代の著名な医者パラケルススや魔術師コルネリウス・アグリッパ・フォン・ネッテスハイムともファウストは重ね合わされ、ファウスト伝説が形成されていく。

一五八七年には「ファウスト本」として知られる『ヨハン・ファウスト博士の物語』がフランクフルトで出版された。著者は不明だが、この著者は当時のファウストに関わる話を年代順に配列して集成し、「魔術師と悪魔の契約」を物語の中核に据えた。契約の際、ファウストはキリスト教徒に害悪を与えることを悪魔メフィストフェレスに約束しているが、悪魔との契約をめぐるこのような話はまさに近世の魔女信仰概念の中心部に位置するものにほかならない。『ヨハン・ファウスト博士の物語』の出版者ヨハン・シュピースが、南ドイツで魔女狩りの絶頂期が最初におとずれた一五八〇年代末にこの書を市場に売り出したことに注意するべきである。当時、人々は魔女の跳梁跋扈に恐れおののいていた。そしてそのような時代にあって、シュピースはファウスト本は需要があり、相応の利益が見込めると算段したからこそ出版したのだろう（図34）。

事実、『ヨハン・ファウスト博士の物語』は好評を得て増刷され、海賊版も出回るほどであった。十六世紀末までに十八のドイツ語版、また改作版や増補版も出版された。一五九二年にはオランダ語訳、一五九八年にはフランス語訳が、年代的にはより早いものがあったと推測されるが現物の確認できる英語訳が一五九二年に出版されている。ここで確認しておきたいことは、『ヨハン・ファウスト博士の物語』によって、ファウストが

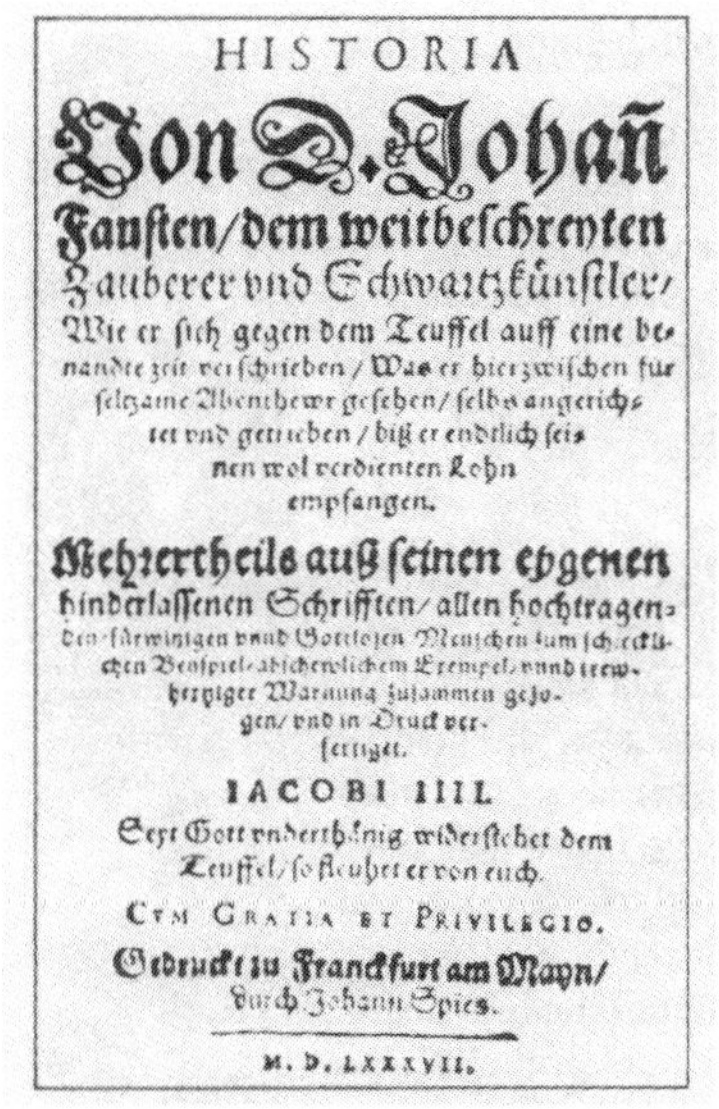
HISTORIA
Von D. Johañ
Fausten/dem weitbeschreyten
Zauberer vnd Schwartzkünstler/
Wie er sich gegen dem Teuffel auff eine benandte zeit verschrieben/Was er hierzwischen für seltzame Abenthewer gesehen/selbs angerichtet vnd getrieben/biß er endtlich seinen wol verdienten Lohn empfangen.
Mehrertheils auß seinen eygenen hinderlassenen Schrifften/allen hochtragenden/fürwitzigen vnnd Gottlosen Menschen zum schrecklichen Beyspiel/abschewlichem Exempel/vnnd trewhertziger Warnung zusammen gezogen/vnd in Druck verfertiget.
IACOBI IIII.
Seyt Gott vnderthänig/widerstehet dem Teuffel/so fleuhet er von euch.
CUM GRATIA ET PRIVILEGIO.
Gedruckt zu Franckfurt am Mayn/durch Johann Spies.
M. D. LXXXVII.

図34 『ヨハン・ファウスト博士の物語』1587年の表紙。

いわば「男性の魔女」というイメージで構築されたこと、さらにファウストの話から読者が読み取るべき教訓として、キリスト教徒を地獄に堕とすことになる大罪である人間の「好奇心」に注意を怠ってはならないということが明らかにされたことである。

ファウストのテーマはドイツを超えて拡散し、当時のヨーロッパ人の魔術師イメージの構築に一役買うことになった。そしてこのようなかでファウスト像の形成に文学的・芸術的側面から大きな影響を与えたのが本章冒頭で引用したマーロウの『フォスタス博士の悲劇』にほかならない。マーロウの作品はファウストに関する戯曲を含めた文学作品の嚆矢《こうし》となるもので、先にふれたゲーテの『ファウスト』、現代にいたってはフランスの詩人・思想家ポール・ヴァレリーの『我がファウスト』、二十世紀ドイツ文学の代表的作家トーマス・マンの小説『ファウストゥス博士』、ロシア（ソ連）の小説家・劇作家ミハイル・ブルガーコフの『巨匠とマルガリータ』の源泉に位置づけられるものである。

十六世紀後半、イングランドにおいても魔女狩りは激化の時代を迎えていたが、そのような状況下でマーロウはファウストをどのように描写していたのだろうか。

貪欲に知識を求めるファウストと好奇心

本章の冒頭で引用した箇所は、『フォスタス博士の悲劇』の最初の部分「第一コーラス」における口上役の台詞の一部である。「フォスタスの墜落」について述べた先の引用箇所に続けて口上役はその理由をこう述べる（図35）。

なぜかと申しますと、この男は、悪魔の術にのめり込み、
学問の黄金の果実には飽き足らず、
呪わしい降霊術をむさぼっているからであります。
この男にとって、魔術ほど甘味なものは他に無く、
第一とすべき祝福よりも、これを好んでいるからであります。

ファウスト（フォスタス）が学問・知識を貪欲に求め、その結果に満足できずに魔術の道に入っていったことが端的に語られている。知識を貪欲に求めるファウストの姿は具体的に次のように表現されている。「第二コーラス」の口上役の台詞だ。

さて、博識なフォスタスは、
ユピテル［古代ローマ神話の神々の主神で天の支配者。古代ギリシア神話のゼウス］の高天の書物に記
　された
天文学の秘密を発見しようと、
オリンパスの頂きに翔け昇りました。

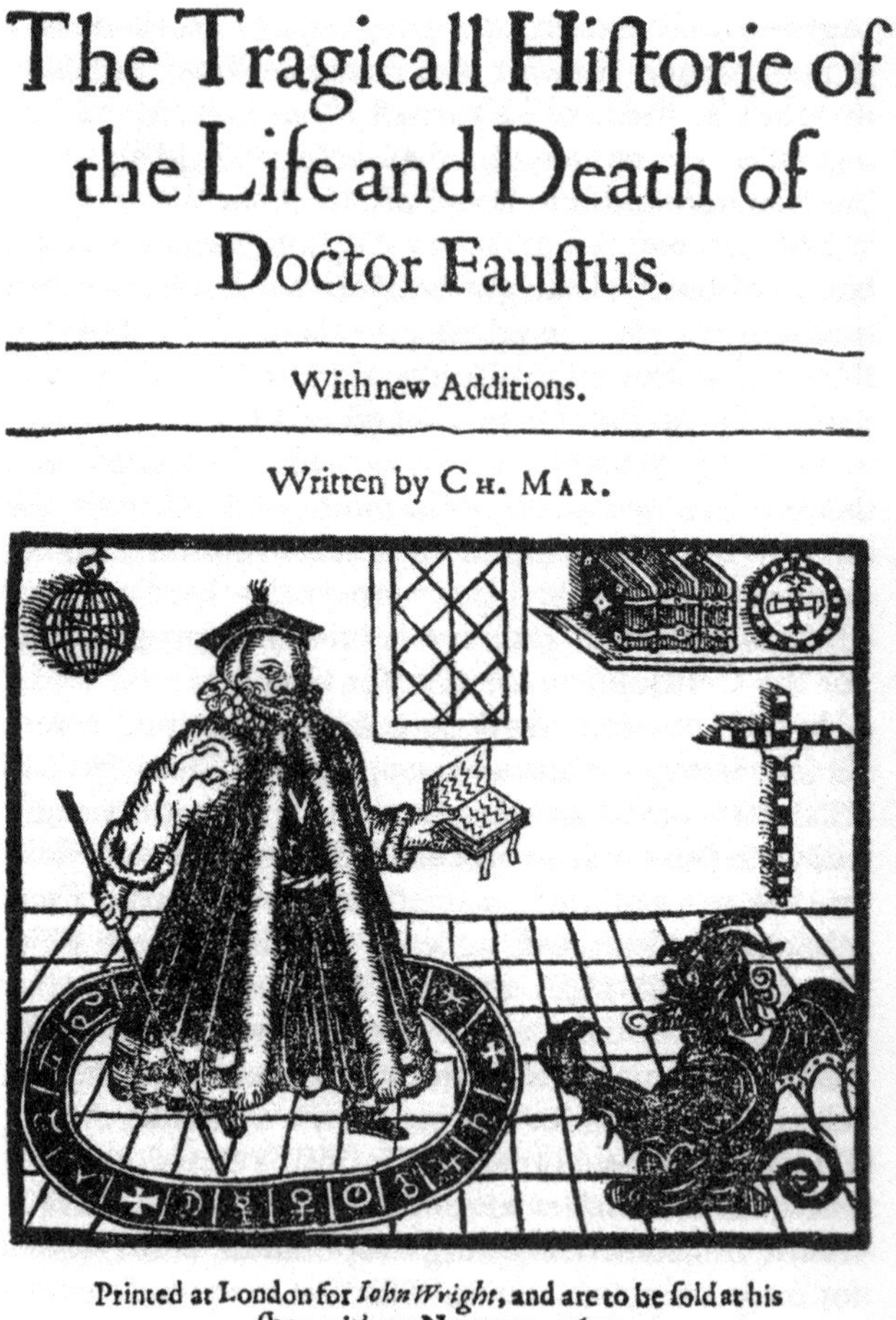

The Tragicall Hiſtorie of the Life and Death of Doctor Fauſtus.

With new Additions.

Written by CH. MAR.

Printed at London for *Iohn Wright*, and are to be ſold at his ſhop without Newgate. 1631.

図 35　クリストファー・マーロウ著『フォスタス博士の悲劇』1631 年版の表紙。

（……）

雲や、惑星や、恒星は言うに及ばず、
赤道帯、黄道帯、その他大空の隅々までを、
角の形に輝く月の弦から
最高天に至るまで観察いたしました。

（……）

ドラゴンの背にまたがって、今彼は、
地上の海岸線や、国々の境界を記した
宇宙誌の虚実の実地調査に行っております。

ファウストは悪魔メフィストフェレスの力を借りて、「ドラゴンの首に軛《くびき》を着け、その力に牽《ひ》かれた焔《ほのお》の戦車に乗り込」んで全地球と宇宙を駆け巡り、「観察」「調査」を行うのだ。
観察と調査は十七世紀のヨーロッパ世界で産声を上げた近代自然科学にとって中心部に位置する学問的手法にほかならない。だがファウストの場合、それらは賞賛されるものではない。なぜなら、ファウストの背後には悪魔メフィストフェレスが控えているからだ。ファウストが天空を駆け巡り観察と調査を行うよりもずっと以前に、ファウストとメフィストフェレスとのあいだで次のようなやり取りがあったことを忘れてはならない（第五場）。

フォスタス　この素晴らしい本を有難う、メフィストフィリス。この本は自分の命と同じほど大切に持っていよう。だが、呪文や呪文の唱え方を調べる本も是非とも欲しいのだ。わたしが好きな時に精霊を呼び出せるように。

メフィスト　そういうこともこの本の中に書かれていますよ。

フォスタス　大宇宙の惑星の性質が全部分かるような本も是非とも欲しい。惑星の運動や位置関係が知りたいのだ。

メフィスト　それもこの本の中にあります。

フォスタス　いや、もう一冊別の本をくれ。これまで研究して来たことだが、地球上に生えている植物、薬草、樹木などを全部知りたいのだ。

メフィスト　これに載っているでしょうよ。

フォスタス　ああ、だまされたのだ！

メフィスト　しょうがないなあ。大丈夫、ちゃんとありますよ。

ファウストの言葉は、「知りたいという衝動」すなわち好奇心に突き動かされて次々と繰り出されていく。「惑星の運動や位置関係が知りたい」「地球上に生えている植物、薬草、樹木などを全部知りたいのだ」――このようなファウストの叫びにこだまするトーンは、本書の第二章で取り上げた動物誌や植物誌を著した様々な学者たちにも見られるものだ。それは「好奇心の爆発」である。しかし、ファウストの好奇心は、宇宙の諸天体と地球上の森羅万象に関する知識の獲得だけに向けられているのではない。「呪文や呪文の唱え方」、つまり魔術に関する知識をも貪欲に得ようとするものなのだ。ファウストの学知を求める知的衝動としての好奇心は、魔女狩りが猖《しょう》獗《けつ》を極め、魔術が悪魔に由来するものと認識されていた十六世紀のヨーロッパ社会では賞賛されるはずもなかった。

ファウストと魔術と驚異

悪魔メフィストフェレスの助力によって獲得できたファウストの知識は、人々にとって文字通り「驚異」であった。ファウストが「宇宙と世界を駆け巡った」旅行から一時祖国に帰ってくると、人々はファウストに天文に関する事柄をいろいろ尋ねた。「第三コーラス」で口上役はこう述べる。

フォスタスはそれらには豊かな知識で答え、
人々は改めて彼の学識の広さを称賛し、驚嘆した（wonder'd）のであります。

ファウストは「魔術に関しては全世界の驚異（The wonder of the world for magic art）」（第十一場）であった。ファウストの「熱心な称賛者」として人物設定されている神聖ローマ皇帝カール五世は、次のようにファウストについて語っている（第十一場）。

皇帝　人類の驚異（Wonder of men）、高名な魔術師（magician）、博学無比のフォスタスよ、よくぞ余の宮廷へ来てくれた。

ファウスト自身、いよいよ二十四年間の契約期間が終わり契約通り地獄に連れて行かれる当日、自分が行ってきた数々の不可思議な事柄を振り返り、次のように語っている（第十八場）。

フォスタス　駄目です。フォスタスが犯した罪は決して赦されない。（……）本など決して読まなければよかったのだ！　わたしがこれ迄に行った驚異（wonders）をドイツ中が、いや世界中が見て来ました。そして、それをするためにフォスタスはドイツも世界も失ってしまった。そうです、天国さえも失ってしまったのです。神の御座である天国、祝福された者が行く天国、悦びの王国である天国を。それを失って、わたしは地獄に永劫に留まらなければならない！　地獄に、ああ、地獄に、永遠に！

ファウストが存命中に行った「驚異」とは「魔術」のことであった。近世における驚異と魔術との癒着は、このようにマーロウの作品にも顕著に認められるのだ。
この引用箇所より少し前、第十七場でファウストの回心を促す老人が登場するが、その言葉はファウストの行う「驚異／魔術」がきわめて忌まわしいものであり、地獄行きを決定的にするものであることを明瞭に示している。

老人　フォスタス、この呪わしい術を捨てなさい、
この魔術（magic）を。これはお前の魂を惑わして地獄へ誘い、
お前から一切の救いを奪うものだ。
これ迄にお前が犯して来た過ちは、人間にありがちなこと、
だがそれに深入りして悪魔になってはならない。

ファウストを「呪わしい術」、換言すれば「驚異／魔術」に駆り立てたもの、それは宇宙と地球上の森羅万象に関する知識を獲得したいという知的衝動を支えるものでもあった。それこそ「好奇心」なのだ。
以上、マーロウの戯曲をもとにして「魔術師ファウストと好奇心との関係」を見てきたわけだが、「魔女」と「驚異／魔術」と「好奇心」との関係は近世の人々にどのように認識されていた

図36　ペーター・ビンスフェルト著『魔法使いと魔女の自白に関する論考』1591年の表紙絵。

のだろうか。

魔女信仰と悪魔学書

一五六〇年頃から西ヨーロッパの各地で魔女狩りが激化し始めた。なぜこの時期に、この地域で魔女狩りという現象が起こったのかという問いは、研究が本格的に欧米で開始された十九世紀から現在に至るまで魔女裁判研究の中心に位置するものだ。

中世以来の一枚岩的であったキリスト教世界を真っ二つに引き裂いた十六世紀前半に始まる宗教改革と反宗教改革の影響、誕生期にあった近世国家と新旧両教会による民衆世界の領導化を始めさまざまな解釈がこの問いを解くために提示されてきたが、それらそれぞれが地域ごと、時代ごとに複雑に絡み合いながら、「魔女狩り」というきわめて特異ではあるが、西洋キリスト教文化の本質を照射する歴史的現象を生み出したのである。西洋の中世的価値観から近代的価値観への移行期・境界期に花開いた無残な徒花としての魔女狩りという見方も間違いではない。

一四〇〇年から一八〇〇年までのあいだにヨーロッパ全土で約五万人が魔女として処刑されたと言われている。この四百年間のうち、もっとも激しい魔女狩りが起こったのは一五六〇年代から一六三〇年代にかけての約七十年間のことだ。この時代、魔女の邪悪な行状を論じ、魔女を断罪する数多くの悪魔学書が刊行された。それらの悪魔学書から抽出できるのは以下のような魔女信仰である。

神を否定し、悪魔の奴隷となって奉仕する魔女は、サバト（魔女の夜の集会）に集まり、様々な忌まわしい活動を行う（図36）。具体的な内容としては、十字架を踏みにじり唾を吐きかけるなどの神に対する冒瀆行為、悪魔崇拝、悪魔に忠誠を誓うことを示す悪魔の尻への接吻、親子・兄弟姉妹を問わず、また悪魔とのあいだで行われる乱交、誘拐してきた幼児あるいは自分の産んだ幼子を悪魔と魔女たちで食べるなどといったことが挙げられる。幼児は不気味な軟膏を作るためにも必要である。魔女たちは大鍋で得体の知れない物体と一緒に幼児の肉がどろどろに溶けるまで煮込む。その液体で軟膏を作るわけだが、魔女が箒《ほうき》や二叉にまたがって空中を飛ぶときにその軟膏が必要である。飛ぶまえに股間か箒や二叉の柄にその軟膏を塗ると飛べるからだ。

魔女は悪魔に対して前回のサバト以降に行った邪悪な行為を報告する。悪魔が満足しない場合は魔女は打擲される。そして悪魔は魔女たちに毒性のある粉薬を与える。これを使って人間や家畜、そして農作物に対して損害を与えるのだ。また魔女は邪視や言葉で人間や家畜に魔術をかけて損害を与えることもできる。

人間と家畜に突然襲いかかる病と死、農作物を台無しにしてしまう天候不順など、近代自然科学が発達していなかった当時の人々にとって、その原因が理解できないさまざまな不幸が魔女と悪魔のせいにされた。そして当時の人々の意見の一致するところは、悪魔と魔女たちの究極の目標はキリスト教世界の転覆であった。こういうわけで、人々の生活に甚大なる被害を与える存在であり、キリスト教世界の不俱戴天の敵である魔女どもはこの世界から殲滅《せんめつ》しなければならないと考えられていたのである。

以上の魔女信仰の概要を踏まえたうえで、十六世紀後半から十七世紀前半にかけての魔女狩り激発期の「魔女と好奇心」に関する議論をいくつか見てみよう。

ちなみに、中世末の一四八六年に出版された魔女狩りの手引き書『魔女への鉄槌』には、「魔女と好奇心」を結びつけた箇所は見出せない。たとえば、人間の女性と夜間に性的な交わりを持つ夢魔について述べた箇所で、老いた魔女が若い娘を悪魔に引き合わせようとする話が出てくるが、若い娘という存在は「閑暇と好奇心に身を任せる」ものだと言及されている。この娘は老魔女が十字を切ってはならないと命じたにもかかわらず、こっそり十字を切ってしまったため、退散した悪魔と会うことができず、老魔女から叱責されるのである。したがって、ここでは後ほど述べる「女の好奇心」が問題にされていると言えるだろう。また、著者クラマー自身が魔女の問題を「好奇心をもって」調べるという表現も見られ、これは知的好奇心を意味している。「魔女と好奇心」の関連性について、自覚的に言及するのは十六世紀後半以降の悪魔学書である。

イングランド国王ジェイムズ一世と「魔女と好奇心」

まずパレやテヴェと非常によく似た主張をしているイングランド国王ジェイムズ一世の『悪魔学』（一五九七年）を見てみたい。

ジェイムズ一世は一六〇三年にイングランドとスコットランドが同君連合の関係になるまえのスコットランド王ジェイムズ六世のとき、一五九〇年代に自分が巻き込まれた魔女事件に触発されて『悪魔学』を執筆した。生涯を通してジェイムズが魔女撲滅熱に浮かされていたわけではなく、次第に魔女裁判に懐疑的になっていったが、『悪魔学』執筆の頃はジェイムズの魔女に対する関心がもっとも高く、魔女断罪の立場に傾いていたときであった。『悪魔学』はジェイムズがイングランド国王に即位した一六〇三年に二度出版され、それ以降、オランダ語、フランス語、ラテン語に翻訳された。

本文はフィロマテスとエピステモンという二人の人物の対話によって構成されている。第一巻第二章において「背徳の術」の種類について論じている箇所で次のような対話が展開されている。

フィロマテス　（……）それらが何種類あって、どのようなものなのか是非とも教えていただきたいのです。

エピステモン　主に二種類あります。かの邪悪な術のすべての部分がそれらにまとめられるのです。そのうちのひとつは魔術（Magie）あるいは降霊術（Necromancie）と呼ばれ、もうひとつは妖術（Sorcerie）あるいは魔女の術（Witch-craft）と呼ばれます。

フィロマテス　どうか教えていただきたいのですが、悪魔がこれらの罠のいずれかに人々を誘い込む手段はどれほどあるのでしょうか？

エピステモン　実に我々自身のうちに存在する以下の三つの激情のほとばしりによるのです。すなわち優れた知者のうちにある好奇心、それに深刻に危惧されるある種の不当な仕打ちに対する飢えた復讐心、そして酷い貧困によって引き起こされる金銭に対する貪欲な欲望です。これらのうち最初のもの、すなわち好奇心に関してはただ魔術師もしくは降霊術師を誘惑するものです。そして他の二つが妖術師あるいは魔女を誘惑するものなのです。

魔術師と魔女を截然と分け、好奇心を魔術師のみに関連づけるジェイムズ一世の見解は、彼の魔術師観・魔女観に依るものだ。

先の引用箇所のあと、エピステモンの口を借りて次のような話が展開される。ペルシア語で言う魔術という言葉には神と天空の知識について熟考する者・解釈する者という意味が含まれ、カルデア人のあいだで最初に使用された。しかし彼らが真の神について無知であったため、それにはあらゆる種類の背徳の術が含まれているにもかかわらず、もっとも重要な徳とみなされてしまったのである。一方、降霊術という言葉はギリシア語に由来し、死者を使って予言することを意味する。

このような話を受けてフィロマテスが問うのが降霊術と魔女の術との違いである。先の対話で「魔術あるいは降霊術」と記されていることからわかるように、降霊術と魔術は同一視されていると言ってよい。問いに対するエピステモンの回答はこうである。

エピステモン　確かに、それらのあいだに設けられている広く知れ渡っている違いは非常に満足いくもので真実なのです。人々が言うには、魔女どもは悪魔の召使、奴隷にすぎないのですが、降霊術師は悪魔の主人、命令者なのです。

このような考え方はルネサンス期の魔術観にもとづくものである。ルネサンス期の哲学の主流は新プラトン主義であり、中世のスコラ哲学を下支えするアリストテレス主義に対抗していた。アリストテレス主義は魔術の動因を悪魔に求めた。魔術の作用を保証するのは悪魔であり、悪魔なくしては魔術はありえない。言うまでもなく、魔女信仰の支柱はアリストテレス主義である。一方、新プラトン主義は魔術の動因を人間に求めた。人間自身が森羅万象に含まれる自然の力を利用することによって魔術を行使できるのだ。悪魔を含む霊的存在を人間が使役するわけである。

ジェイムズの見解が以上のようなルネサンス期の魔術観に依ったものであることは明らかだろう。しかし、ジェイムズが『悪魔学』を著した十六世紀末、新プラトン主義的な魔術観は劣勢であった。世は魔女狩りの時代であり、悪魔を使役するとされた魔術師も悪魔に使役される魔女も十把一絡げに同類の忌まわしい存在としてみなされていたのである。魔術師・降霊術師ファウストの例を思い出そう。またジェイムズは魔術、妖術、魔女の術と用語を使い分けているのだが、ラテン語を使用する知識人が主に使用していた「魔術」(magica)と俗語を使用する民衆たちが使用していた「魔女の術」(Witch-craft)、すなわち「魔術」(witchcraft)の内容とがほぼ重なり合うものであったことも忘れてはならない。

要するに、ジェイムズの主張を当時主流の魔術観に照らして捉えなおせば、「魔術師も魔女も、好奇心にいざなわれて背徳の術」の世界に籠絡《ろうらく》されてしまう同類の存在にほかならないということになるのだ。

ボダンと「魔女と好奇心」

次にジャン・ボダンの『魔術師の悪魔狂』(一五八〇年)を見てみよう。ボダンは法学・歴史学・政治学・経済学・自然哲学など様々な学問領域に通暁していた十六世紀のフランスを代表する大思想家である。近代主権理論の基礎を築くとともに、宗教的寛容を説いたことでも知られるが、その彼が魔女狩り推進の急先鋒だった。魔女の様々な邪悪な所業と魔女に対する法的手続きを述べ立てた『魔術師の悪魔狂』は当時の西欧の法曹家にとってのテキストであり、魔女裁判の司法実践において十五世紀末の魔女狩りの手引書として悪名高い『魔女への鉄槌』以上に引用されたとも言われている。ドイツ語、イタリア語、ラテン語の翻訳版を含んで二十三版を重ねており、いかにこの書が当時求められていたかわかるだろう。

ではボダンは好奇心についてどう述べているのだろうか。ボダンは実際に裁かれた魔女について述べるなかで次のように語っている。ボダンは魔術師（sorcier）という言葉を魔女の同義語として使用しているので、「魔術師」は「魔女」に置き換えられる。

数年前、リヨンに一人の奥方がいた。彼女は夜中に起き上がり、ろうそくに灯をともして泥状のものを手に取り、自分の身体に塗った。それから何やら言葉をつぶやくと運ばれたのである。彼女と寝ていた情夫はこの不思議な行為を見ていたので、ろうそくを手に取り、あちらこちらを探したが、それを見つけられなかった。しかし軟膏の力を知りたいという好奇心から、目撃したように油脂で泥状のものを作った。すると突然、同じように運ばれ、魔術師どもの一団と一緒にロレーヌ地方にいたのである。その場所で彼は恐怖にとらわれた。しかし加護を求めて神の御名を呼ぶやいなや、一団全員はかき消え、彼はひとり全裸で取り残された。彼はリヨンに戻り、その魔女を告発した。彼女は自白し、火刑に処された（第二巻第四章）。

身分卑しからぬ女が魔女なのであって、その浮気相手の男は魔女・魔術師というわけではない。しかし、サバトへの空中飛行を可能にする「軟膏の力を知りたいという好奇心」は男を魔女の一団に引き入れてしまう一歩手前までいざなうきわめて危険なものであった。この引用箇所のあとにムラン近郊に住むある貴族に起こった同様の話が続く。その貴族は粉挽き屋に誘惑され、「そして同じく好奇心から魔術師どもの集まりに行った」のだった。しかし貴族は自ら進んでサバトに参加したものの恐怖に襲われ震えた。そのとき悪魔が大きな声で問いかけた。「ここで恐がっているのは誰だ?」貴族が一目散に逃げたところ、サバトの一団はかき消えたという。ここからも好奇心が人間を魔女の世界にいざなう要因として捉えられていることがわかる。

ボダンが「魔女と好奇心」を関連づけて認識していたことは次のような言葉からもわかる。ボダンによれば、「世界中のいたるところに魔術師どもが存在することを驚く必要はない」。なぜなら悪魔は金持ちにしてやる、名誉を与えてやるといった甘言を弄して人間を誘惑し、悪魔の手下として取り込むからだ。また彼らのうちの「ある者たちは好奇心から、また別の者たちは悪魔との素晴らしい契約を示すために」悪魔の奴隷となるのだ（第二巻第二章）。

魔女と魔術と好奇心

フランスのカルヴァン派聖職者ランベール・ダノーは一五七四年、『魔術師、当今においてきわめて有益かつ必要なる対話』をフランス語で出版した。翌年には『魔女についての対話』という書名で英語版が出版されている。ダノーの魔女観は魔女を毒殺者として捉えるもので、魔女は毒物を大気や水源、また草原にまき散らして人間と家畜を病気にし、最悪の場合は死に至らしめる存在だと考えられていた。同書のラテン語版の書名は『かつては占い師と呼ばれしが、現今は魔女としてよく知られたる有毒の魔術を行う者』であり、ダノーの関心の所在をよく示している。

ダノーは次のように述べている。

うぬぼれた心の愚かな虚栄心（fonde vanitie of proude mynde）に駆り立てられている者どもは、一方で人間の知力と理解力の範囲内に自身を押しとどめておくことができず、悪魔の奴隷に成り下がる。来るべき事がらを知りたい、またほかの者たちにそれを予言したいと欲望するからだ（英語版）。

このようなダノーの「占い師としての魔女」観は魔術師ファウストを髣髴《ほうふつ》とさせるものだ。同様の表現は、先にふれたイングランドのピューリタンの説教師パーキンズの『魔術という忌まわしき術についての論述』（一六〇八年）にも見られる。パーキンズが述べるには、好奇心によって人は「隠されて明らかにされていない事がらについてさらに知識を獲得する方法として、魔法と魔術という呪われた呪術」に導かれる。半世紀後の一六五八年に出版されたイングランドの非国教徒聖職者のアントニー・バージスの『断言されたる原罪についての教義』には次のように記されている。好奇心とは、「この世に溢れていた魔法の術と魔術、同じく占星術やそのような偽りの詐欺行為」の火元にほかならない。

このように十六世紀後半から十七世紀前半にかけての魔女裁判時代において、何らかの形で好奇心と魔術とを結びつけ、好奇心を否定的・批判的に語る傾向は、以上に挙げた著作物以外にも見出すことができる。例を挙げれば、十七世紀初頭のフランス・バスク地方で魔女狩りを行い、約八十名の魔女を火あぶりにしたボルドー高等法院評定官ピエール・ド・ランクルが著した『堕天使と悪霊の無節操のタブロー』(一六一三年)、ベルギーのユマニストで新ストア主義の代表者であるユストゥス・リプシウスをして「当今の誉れの一人」と言わしめたイエズス会修道士の学者マルタン・デル・リオが著した『魔術探究六巻』(一五九九―一六〇〇年)がそうである。いずれも魔女裁判史上、著名な悪魔学書である。

ただし、ここで注意しておきたいのはパレの『怪物と驚異について』における好奇心に関する記述について述べたように、好奇心という言葉が絶対的に否定的な意味だけで使用されていたわけではないということだ。未知のものや隠されたものを知りたいという人間のもつ生来的な性癖としての好奇心の存在は認識されていた。それはたとえばド・ランクルの次のような言葉にも現れている。魔女がサバトに行くために軟膏を身体に塗る必要があるのかどうかを論じた箇所の冒頭の部分である。

我々は、このよく知られたうわさが真実であるかどうかを知りたいというこの好奇心を抱くようになった。

このように見ると、中世から近世にかけて、好奇心は人間に備わる性癖として認められながらも、それが過度に昂進した場合はエヴァの例が端的に示すように、神の定めた人間が知ることを許された分限を越える越権行為とみなされていたわけである。それは悪魔の領域に入り込むことにほかならなかった。

さて、バージスが述べている占星術、より正確に言えば「神罰占星術（judicial astrology）」とは天体の配置から地震や戦争の勃発、疫病の流行などを予言するものだが、十七世紀中頃のこの時期はまさに近代科学の一分野としての天文学が占星術から分化し始めた時期であったことに注意するべきであろう。またバージスがいわば魔術の繁茂を過去の出来事として語っていることにも注意しておきたい（「この世に溢れていた魔法の術と魔術」）。「好奇心観の変化」がこの時期に起きはじめたことを推測させる例だが、即断は避け、この問題は後ほどあらためて検討することにしたい。

占星術・錬金術と好奇心

占星術と好奇心を結びつける議論はカルヴァンにも見られる。カルヴァンは一五四九年、フランス語で『現在この世で流行している神判的と呼ばれる占星術と他の好奇心に対する論考と警告』を出版している。同書は一五六一年に英語訳が出版された（『神罰占星術と他の好奇心に対する警告』）。そのなかでカルヴァンが断言するには、占星術、そして予言や占いは、「不必要で無益であるばかりでなく、邪悪で不道徳でもある好奇心」の産物にほかならない。

魔女狩りが盛んに行われた十六、十七世紀という時代は、道徳的な説明文と図像によってこの世の様々な事象を表現するエンブレム・ブック（『寓意画集』）が多く出版された時代でもあった。一五八六年に出版されたイングランドのジェフリー・ホイットニーの『エンブレム選集』には「占星術師」の見出しがあるが、そこには次のような詩句が記されている。

おのれの能力を越えて上昇しようとするような輩に用心しよう。
死を免れない人間に否定されたるものごとを探し求める者たちに。

そしてほかでもない、そこに添えられている図像は蠟《ろう》で固められたはずの羽根をバラバラに散らしながら天空から真っ逆さまに墜落するイカロスなのだ（図37）。この構図は、すでに見たマ

図37　「占星術師」。ジェフリー・ホイットニー著『エンブレム選集』1586年より。

ーロウの描写する魔術師フォスタス（ファウスト）の特徴そのものである。人間の分限を越えて神が創造した宇宙の神秘に迫ろうとする占星術の行為は、悪徳としての好奇心と紙一重であった。

十六世紀イタリアのジロラーモ・カルダーノは医学や数学をはじめ諸学に通暁した万能人として知られる人物である。ことに数学については当時の第一人者であり、「カルダーノの解法」で知られる三次方程式の解法を発見するほか、確率論の先駆的研究を行ったことでも知られる。その彼は占星術師でもあった。カルダーノについて、イングランド国王ジェイムズ一世は『悪魔学』のなかで次のように批判している。カルダーノやコルネリウス・アグリッパなどの輩は、「有益に詳しく書かれている以上に好奇心を持っている」。

コルネリウス・アグリッパは十六世紀前半に活躍したドイツの著名なオカルト哲学者で、リヨンの宮廷医師、神聖ローマ皇帝カール五世の修史官、メッスの弁護士など様々な職業にたずさわりながらヨーロッパ各地を遍歴した人物である。ユダヤ教のカバラや新プラトン主義の神秘思想の影響のもとに著された『オカルト哲学』(一五一〇年)は、ルネサンスの自然哲学に大きな影響を与えた。そのようなアグリッパだが、十六世紀末のボダンの『魔術師の悪魔狂』のなかでは悪魔に仕える魔術師とみなされ、魔女の一味として認識されている。カルダーノやアグリッパが関わっていた学問は「悪徳としての好奇心」と結びつけられ、悪魔の領域に属するものとみなされていたのである。

同じく錬金術も好奇心を駆動力とする術として認識されていた。中・近世のヨーロッパで流行した錬金術とは鉄・鉛・銅などの卑金属を金や銀などの貴金属に変成させる秘術である。この変成に成功することはなかったが、この作業の過程で様々な化学物質を取り扱う技術が発達し、結果、錬金術は近代化学の基礎となったのだった。しかしイングランドのカトリック司祭トマス・ライトが『心の情念』(一六〇四年)のなかで述べているように、錬金術は占星術とならんで「好奇心の胡散臭い果実」にほかならなかった。

近世という時代、とりわけ魔女狩りが盛んに行われていた十六世紀後半から十七世紀前半にかけて占星術、錬金術、魔術はともに「悪徳としての好奇心の果実」として認識され、悪魔の領域に属するものであった。近代科学の基盤であるはずの数学もまた同様の扱いを受けていたことを忘れるべきではない。カルヴァンの一五六一年出版の英語版『神罰占星術と他の好奇心に対する警告』によれば、占星術師どもは彼らの極悪非道な活動を尊敬という隠れ蓑で覆い隠そうとしているが、その隠れ蓑こそ「数学」なのだ。また、アグリッパ自ら、次のように認めている。数学は「魔術にとって必要」であり、「魔術と類似性を持つのだ」(『オカルト哲学三巻』一六五一年英語版)。

魔女狩りの終焉と好奇心の変貌

西ヨーロッパにおける魔女狩りのうねりは一六三〇年代頃から退潮し始め、十七世紀後半には魔女狩りの時代は終焉を迎えた。その原因については諸説あり、地域によって様々だが、西ヨーロッパ全体に当てはまる主要な原因としては三つ挙げることができるだろう。

一つは拷問批判を核とする司法上の変化である。中世以来、告発された魔女に有罪宣告をする際、魔女であるとの自白を引き出すために拷問が使用された。甚だしい苦痛を伴う拷問に耐えかね、実際にはやってもいない邪悪な魔術を行った魔女であると自白し、その結果処刑されるという冤罪の構図が批判されるようになったのである。イエズス会士フリードリヒ・シュペーがその代表的論客であり、著作『検察官への警告』が出版されたのが一六三一年のことであった。

あと二つの原因は相互に関連しているもので、十七世紀に天文学、医学、化学、物理学などの様々な学問分野で起こった科学革命の進展とデカルトの懐疑論哲学の誕生と普及である。魔女信

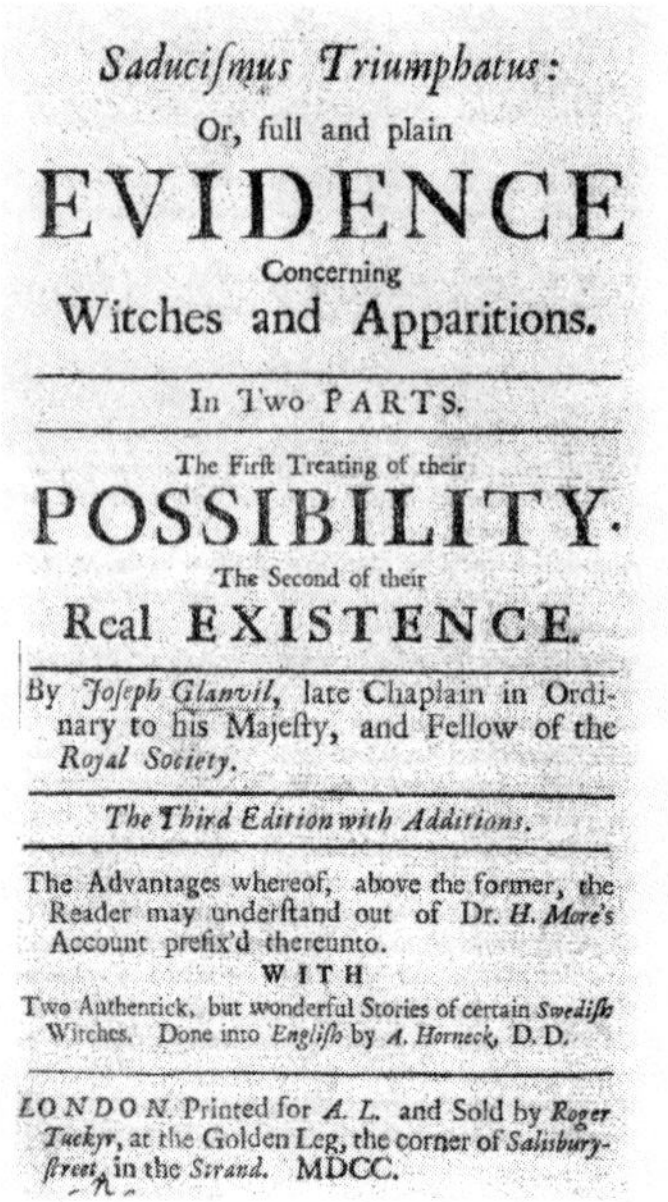

Saducismus Triumphatus:
Or, full and plain
EVIDENCE
Concerning
Witches and Apparitions.

In Two PARTS.

The First Treating of their
POSSIBILITY.
The Second of their
Real EXISTENCE.

By *Joseph Glanvil*, late Chaplain in Ordinary to his Majesty, and Fellow of the *Royal Society*.

The Third Edition with Additions.

The Advantages whereof, above the former, the Reader may understand out of Dr. *H. More's* Account prefix'd thereunto.
WITH
Two Authentick, but wonderful Stories of certain *Swedish* Witches. Done into *English* by *A. Horneck*, D. D.

LONDON. Printed for *A. L.* and Sold by *Roger Tuckyr*, at the Golden Leg, the corner of *Salisbury-street*, in the *Strand*. MDCC.

図38　ジョウゼフ・グランヴィル著『サドカイ派の打破』1681年の表紙。

仰そのものが不合理なものとして認識されるようになったのである。

　魔女狩り熱狂期が終焉を迎えた十七世紀後半に魔女と好奇心はどのように認識されるようになっていたのだろうか。一つの例を見てみたい。イングランド国教会の聖職者ジョウゼフ・グランヴィルが著した『サドカイ派の打破』（一六八一年）である（図38）。これは国王チャールズ二世による王政復古後のイングランドにおいて、霊と魔女が実在することを主張したもっとも有名な書であった。グランヴィルは霊的世界の実在を証明し、無神論者を論駁するために経験主義的な方法を霊的世界に適用しようとした代表的人物であり、王立協会のメンバーでもあった。王立協会とは一六六〇年にイングランドで誕生した学者の団体であり、自然科学・実験科学の普及に努め、科学革命で中心的な役割を果たした。十八世紀初頭の約二十年間、晩年のニュートンが会長職を務めたことでも有名である。

　グランヴィルは魔女信仰の神学的基盤でもあった中世以来のアリストテレス主義を批判し、王立協会が進める新しい科学を擁護した。しかしこのような姿勢と魔女と魔術の実在に対する信念は矛盾することなく同居していた。書名にある「サドカイ派」とは、紀元前二世紀から後一世紀まで栄えたユダヤ教の一派で、来世・メシアの到来・人間の魂の不滅を否定した、いわば物質主義者のことだ。グランヴィルは魔女やポルターガイストなどの霊に関する不可思議な事例を収集し編集することを通して、霊的世界の実在を否定する無神論者やサドカイ主義者を「経験的に」論駁しようとしたわけである。

さて、グランヴィルは『サドカイ派の打破』の「魔術についてのいくつかの考察」の章で次のように述べている。

私はそこにこの事がらに関する人々の不信仰の強力な理由を見つけられるだろうと考えて、スコットの『暴露』を検討した。だが私は断言するが、そのようなすべての寄せ集めのもっとも小さな示唆にも出会わなかった。答えようとしたことが私には馬鹿らしかった。なぜなら著者は、彼が偽りだと論じ嘲笑する風変わりな無駄話や馬鹿げた言い伝え以外は少ししか語っていないし、これが魔女や幽霊が存在することについての反証だと主張するからだ。そのすべての点で、彼の論証はくだらないもので子供じみたものだ（第十六節）。

スコットとはイングランドのジェントリ、レジナルド・スコットのことで一五八四年に『魔術の暴露』を出版し、魔女狩りを批判した人物である。スコットによれば、魔女は体内の黒胆汁の過多が原因でメランコリー症に罹った哀れな老女であり、その症状のためにやってもいないことを想像して語っているに過ぎない。魔女とされている老女は救済されるべき存在であった。このようなスコットをほかでもない「サドカイ派」と呼んで批判したのが先にふれた国王ジェイムズ一世である。

この者は公刊した書物において、魔術の類が存在しうる可能性を恥知らずにも否定している。そうして霊を否定することにおいては、いにしえのサドカイ派の轍《てつ》を踏んでいるのだ（『悪魔学』）。

この言葉から約百年経った十七世紀末、グランヴィルはジェイムズ一世とほとんど変わらない論調でスコットを批判し、魔女の実在を力説しているのである。

しかし時代は刻々と変わっていたのである。そして思潮の変化とともに好奇心の位置づけにも変容が起こっていた。『サドカイ派の打破』の「霊の真なる概念に関するさらなる弁護を含む、書簡への返答」の章の第十八節では、「霊の実体」について考察するなかで「火と水」について論じられている。そこから読み取れるのは、「実験にもとづく近代科学的な学問の推進」と「霊的世界の探究」、そしてそれらを支える「知的原動力として賞賛されるべき好奇心」の奇妙なアマルガムである。

水の入った手桶の底に木製の梯子《はしご》の横木を入れて浮上させる静水力学の実験にふれてグランヴィルは次のように述べている。

とかくするうちに水は実際に桶からこぼれる。(……)重要であることについて、またいかにそれがこの世の物質を動かす非物質的な存在あるいは霊について確実に証明するかについて、私は上であなたにそれとなく知らせたのだ。水と横木と異なっていながら両者に浸透しそのような驚異的な(marvelous)現象を引き起こす、なんらかの物質より優れた属性を帯びた「非物質的な」何かが存在するにちがいないということを証明する証拠を忌避することができる者はまだいない。

グランヴィルに言わせれば、いわば浮力こそ「霊的実体」なのだ。そしてグランヴィルは次のように続ける。

そのうえ私は熟慮されたこれらのような実験を行っただけではなく、十分に精密に調べられ研究された水の性質そのものを知っていたのである。火だけでなく水の性質についても研究しようとしている公明正大な好奇心を内にもっている者に対しては、私はデカルトの流体を読むことを薦める。

グランヴィルにとって、好奇心とは、実験を基盤とする経験主義的な近代的な学問・研究の原動力としてまずもって認識されるものであった。そしてグランヴィルがデカルトの著作を参照することを薦めていることに注意しなければならない。「魔女や霊の実在を信じること」と「懐疑主義を旨とする近代合理論哲学」とが同居しているのである。

また、具体的な魔女裁判の例を収集して魔女の実在を力説するグランヴィルだが、その関心は魔女をキリスト教会に対する脅威や地域共同体内における有害な存在とみなすことにあるのではなかった。グランヴィルにとって「魔女の所業は、十八世紀になっても活発に繰り広げられることになる知的で科学的な論争に寄与するものだったのである」[Jonathan Barry]。

魔女と好奇心をめぐる語り方が根本的に変わったのである。魔女に対する恐怖感が退潮した時代において、もはや好奇心は魔女や魔術の領域から切り離されてしまったのである。好奇心は、魔女や魔術師を悪魔の領域にいざなったりしない。好奇心は、学者が未知の領域に挑むための重要な「心のツール」となったのだ。

好奇心の表象としての女性

ところで、学問の原動力である「公明正大な好奇心」について語るグランヴィルの性別は、「男性」であった。

図39 「好奇心」の図。チェーザレ・リーパ著『イコノロジア』1611年より。

一見、等閑視されるようなことだが、ジェンダーの問題は好奇心の歴史を探究するうえできわめて重要な意味をもつ。これまで見てきたように、中世から近世にかけてのヨーロッパ社会では「悪徳としての好奇心」が主流であったわけだが、十七世紀に「悪徳としての好奇心」から「知的原動力としての賞賛されるべき好奇心」への変化が起こるなかで「女の好奇心」と「男の好奇心」が異なる位相のもとで認識されるようになったことに注意しなければならない。このことは近代的学知の成立とジェンダーとの関係を考える上でもきわめて重要である。

先にホイットニーの『エンブレム選集』についてふれたが、近世の代表的なエンブレム・ブックとして夙《つと》に知られているのがイタリアのチェーザレ・リーパの『イコノロジア』（一五九三年初版、引用は一六一一年版）である。この書は芸術家や詩人が絵画や詩作の典拠として参照した図像学大全とも言えるものであった。ここでリーパは好奇心を女性像で表象している。翼をもつ女性は髪を逆立て、まるで世界を抱きかかえようとするかのように腕を大きく広げている（図39）。

図像に添えられた説明文でリーパが述べるには、「好奇心は知るべき以上に知ろうとする人々の放逸な欲望」であり、「たくさんの耳とカエル［の図柄］が散らばった赤色と青色の服を着た女」である。カエルは帯状の無数の卵を産むことから精力を象徴する。またキリスト教においてカエルが悪魔の象徴でもあったことも想起すべきだろう（旧約聖書「出エジプト記」七：二五—八：九、新約聖書「ヨハネの黙示録」一六：一三）。

彼女の頭部は飛び出ている。なぜなら好奇心を強く持つ者は、あらゆる方面からの情報を知るため聞くために溌剌とし、いつもこのように立ち上がっているからだ。

身体と天空を表象するために赤色と青色で配色された衣服が意味するのは、知りたいということの欲望が自然のものであり、また限りのないものであること、肉欲的なものであると同時に知的なものであるということだ。衣服の上に散りばめられた耳が示すのは「好奇心を強く持つ者は他人が言ったことがらを聞きたい知りたいという欲望だけを持つからだ」。

抑制されない、目的のない、衝動的な好奇心は、十七世紀初めの多くの著作家や思想家にとってギリシア神話における三人姉妹の復讐の女神エリニュエスの狂気、あるいはエヴァの傲慢に類似したものとみなされていた。エリニュエス（ローマ神話におけるフリアエ、ディラエ）は、アレクト、ティシフォネ、メガイラの三人姉妹からなり、翼と蛇の頭髪をもち、松明をもって罪人を追い回して狂わせる女神である。否定的な価値を付与された好奇心は、男性ではなく、女性によって表象されたのである。このような傾向が見られた背景として、ヨーロッパ近世社会における家父長制の進展を考慮にいれておく必要がある。

近世以前もヨーロッパ社会は総じて男尊女卑ではあったが、近世社会にその傾向がいっそう強まったことはよく知られている。絶対主義国家の確立とともに国家を構成する最小単位である家族において「父親＝夫＝男性」の権威が重視される一方で「母親＝妻＝女性」は男性に服従することが重んじられた。父母に対して子どもは服従の立場に置かれる。この構造は、国王に対する臣民の服従を保証するものだった。このような俗界の状況は、聖界も共有するものだった。カトリックが「アダム＝男性」に対する「エヴァ＝女性」の服従を旧約聖書「創世記」の記述にのっとり再確認したのは当然だが、聖書中心主義のプロテスタントも同様の「エヴァ＝女性」観を引き継いだ。さらに家庭内で妻に求められたのは夫に逆らうことのない「良き妻」であることだった。女性への否定的な眼差しが幅をきかせていた時代だったのである。魔女狩りの激発もこのような女性観との関連性のもとで考えねばならない。

女の好奇心

女性と否定的な好奇心との関連性は、『イコノロジア』をひもとくような芸術家や詩人のあいだだけでなく、広く民衆世界でも受け入れられていた。十七世紀に文字化された多くの民間伝承が女性の好奇心について語っている。それも最終的には罰せられる罪として、強い道徳的な意味合いを込めてである。

たとえばフランスの宮廷に仕えたシャルル・ペローが一六九七年に著した『昔話』は民間伝承を題材にしたものだが、そのなかに「青髯」が収められている。この童話はよく知られていよう。大邸宅に住む裕福な「青髯」と称される男の話だ。青髯は六人の妻を殺害し隠していたが、七人目の妻にその秘密を発見されてしまう。七人目の妻として青髯と夫婦になった女は、青髯から絶対見てはいけないという部屋の鍵を渡される。しかし、「好奇心をかきたてられた」女は青髯が外出時に鍵を開けてしまう。そこで見たものは過去の六人の妻の死骸であった。女は青髯に命を絶たれる寸前、駆けつけた女の兄弟が青髯を殺して救われる。ペローは作品末尾で次のように述べている。

教訓

好奇心には抗しがたいものがあるけれど

負ければきっと、後悔の種となる
その実例たるや、日ごと、かぞえきれぬほど見うけられるはず
ご婦人がたには申し訳ないが、それはけっきょく浅はかなお楽しみ
手に入れたとたんに、消えてしまうもの
しかも見返りはいつだって、とんでもなく高くつく

七人目の妻は、好奇心がもとであわや命を落とすところだったのである。

イングランドのウェールズ地方の人気のあった民間伝承はこうである。ある女が美しい大邸宅に住む、いわくありげな金持ちの子どもたちを世話するために雇われた。女の仕事の一つは、毎朝、ある軟膏を子どもたちの両眼に塗りつけることであった。しかし女は軟膏を自分の眼につけることは厳しく禁じられていた。禁止の命令がもつ誘惑の当然の成り行きで、ある日、女は軟膏を自分の左眼につけてしまう。するとどうしたことか自分は醜い妖精たちの目の前にいることがわかったのである。女が世話している子どもたちは胸がむかつくような姿をしたノーム（地中の宝を守る地の精。萎びた老人姿の小人）であった。

別の日、定期市に出かけた女は先の雇い主が露店から何かを盗むのを目撃し、彼に駆け寄った。雇い主は自分の姿が見えないと思っていたので、この行動は女がずっと嘘をついていたことを妖精にわからせるに十分だった。結果、妖精は女の左眼を潰して盲目にし、女は妖精の世界を見る

ことができなくなった。

こうした民間伝承から読み取れることは、女の好奇心が一般的には、自分の能力の範囲を超えたものを見たいという抑えきれない欲望、また禁止の命令を破ることに関連するものとして認識されていたということだ。そしてその欲望と違反には悲惨な結末が待ち受けているのである。このような「女の好奇心」像の源流として、パンドラやエヴァが想定されるだろう。

罰としての「女の好奇心」

以上は「過度の好奇心ゆえに女性は罰せられる」という構図だが、これとは異なる構図も存在した。それは何らかの違反のため、もしくは伝統的なジェンダーの境界を踏み越えたために、「罰として好奇心が与えられる」というものだ。

ひとつ例を見てみよう。十七世紀に好評を博して広く読まれたものだ。エラスムスのラテン語訳からエリザベス女王が一五九八年に英訳した、古代ギリシアの哲学者・伝記作者のプルタルコスの『好奇心について』という論考である。

内容は次の通りだ。リビアの女王でゼウスの愛人であったラミアは、嫉妬深いゼウスの妻ヘラに迫害を受け、両眼が閉じられなくなるという罰を受けた。眠ることができなくなったラミアは余儀なく昼も夜もさまようしかなかった。ラミアの苦痛を和らげるため、ゼウスはラミアに夜になると両眼を取り外す力を与えた。ラミアは眠ることができるようになったが、朝になり両眼をつけると再びさまよい始め、人々の秘密を覗き見るようになったのである。ここでは人々の秘密を詮索するものとして好奇心がとらえられている。プルタルコスは好奇心という熱情をコントロールする必要性を主張する。男も女も好奇心を他人の生活にではなく、自分の魂、もしくは自然の神秘に向けるべきなのだ。

この話で確認しておきたいのは、好奇心が罰として認識されていること、そしてその主人公がラミアという名前をもっているということだ。ラミアについてはパレも「海の怪物」で語っていたものだが、当時、ラミア（lamia）という語は「魔女」「悪魔のような女」「怪物」と同義であった。たとえばボダンは「ラミアは女の形をした悪魔である」と述べている（『魔術師の悪魔狂』）。

以上、いくつかの例を見てきたが、そこから言えることは十七世紀において「悪徳としての好奇心」は男性以上に女性に結びつけられていたということである。では、「女の好奇心」に対して「男の好奇心」はどのように評価されていたのだろうか。ここで思い出しておきたいのが、好奇心は「自然の神秘」に向けるべきだと説いた先のプルタルコスの言葉である。

フランシス・ベイコンと好奇心

秘密のことを詮索する際の、また禁じられたことがらに関する知識に到達しようとする思慮のない欲望にかき立てられる際の男性の好奇心は、二つの例で古代人によって説明される。アクタイオンとペンテウスの例である。気づかずに、いわば偶然に裸のディアナを見てしまったアクタイオンは雄鹿に変えられ、彼自身が飼っている犬によりむさぼり食われてしまった。そしてバッカスの隠された生け贄を見たいという欲望に駆られて木に登ったペンテウスは、見るものすべてがいつも二重になっているように思われてしまうほどのある種の乱心に襲われた。

このように述べているのは近世イングランドを代表する哲学者フランシス・ベイコンである(『古代人の知恵』一六一九年)。アクタイオンもペンテウスもギリシア神話に出てくる男性であり、ベイコンがここで主張したいのは、「過剰な好奇心」をもつことに対する男性への戒めであった。「女性の好奇心」は最初から視野に入っていない。

ベイコンは近世ヨーロッパにおける近代的学問の展開にとって多大な役割を果たし、近代科学の方法を確立したことで知られる。ベイコンは経験(観察と実験)にもとづく帰納法によって自然を正しく認識し、それによって自然を支配することを主張したのであった。ベイコンはこう述べている。「あらゆるより真実な自然の解明は、事例と適確適切な実験によって成しとげられ、そこでは感覚は実験についてのみ、実験が自然および事象そのものについて判定するのである」(『ノウム・オルガヌム(新機関)』「アフォリズム」一六二〇年、第一巻五〇)。この引用文が掲載されている『ノウム・オルガヌム』という書名は、「オルガノン(学問的道具・装置の意味)」と称されていたアリストテレスの論理学関係の研究を旧来の研究方法と位置づけ、新しい(ノウム)研究方法を提唱するという意味をもつ。
このような学問的な関心をもつベイコンが学問の駆動力としての好奇心に無関心であるはずがない。確かにそうであって、肯定的な評価を伴う好奇心観が発展する条件作りに重要な役割を果たした人物こそベイコンであった。好奇心が肯定的に正当化されるために必要なこと、それは好奇心が「うぬぼれ＝高慢・虚栄」、そして罪悪感と情欲的な欲望との連関を断ち切ることであった。それは中世以来の「悪徳としての好奇心」から「学知の起動力としての好奇心」への変化にほかならない。そしてそのためには「知の探求」が有用性の観点から道徳的に遂行されることが肝要であった。
『ノウム・オルガヌム』は、これ自体を含んだ六部構成になるはずであった『大革新』の第二部に該当する。六部すべてが完全体ではなく、一応まとまった形で書物になったのが第一部の『諸学の区分』と第二部である〔桂「解説」〕。さて、ベイコンは『大革新』の冒頭「序言」で神に祈りを捧げて次のように述べている（図40）。

人間の心を思い上がらせ膨れさせる蛇に汚染された毒が知識から除かれて、我々が高きをもまた度を超えてをも、知ろうとすることなく、真理を愛のうちに培い育てるように。

「人間の心を思い上がらせ膨れさせる蛇」は、エデンの園でエヴァを唆した蛇を示唆している。

限度をわきまえた知の探求が必要なのだ。この引用箇所のしばらくあとで「あらゆる人に全体として忠告したい」と述べ、ベイコンは次のように続ける。

知識の真の目的を考えること、知識を心の楽しみのためとか、争いのためとか、他人を見くだすためとか、利益のためとか、名声のためとか、権力のためとか、その他この種の低いこ

図40　フランシス・ベイコン著『大革新』1620年の口絵。「多くの者が動揺するであろう。そして、知識は増す」（旧約聖書「ダニエル書」（12：4））と記されている。

とのためにではなく、人生の福祉と有用のために求めること、それを愛のうちに成しとげ支配することである。それというのも力への欲から天使は堕ち、知識への欲から人は堕ちたのだが、愛には過ぎることはない。天使も人も愛によって決して危険に陥ることはないからである。

ここでふれられている「愛」は性愛の意味ではない。英語のチャリティ（charity）、ラテン語のカリタス（caritas）のことであり、同胞愛・隣人愛・キリスト教的な愛を意味する。ベイコンはカリタスこそが、知を求める者の動機となるべきだと考えていたのである。

ベイコンは『ノウム・オルガヌム』「アフォリズム」第一巻一〇四でこうも述べている。

人間の知性には翼が着けられるべきではなく、むしろすべての跳躍と飛躍とを阻むために、鉛と錘《おも》りが付けられねばならない。そしてこのことは未だ為されていないが、これが為されるであろうときに、諸学からよりよきことを、希望することが許されるであろう。

魔術師ファウストが、そして占星術にふける者の行く末が、天空から太陽熱で溶けた翼を飛散させながら墜落するイカロスで表象されていたことを思い出そう。ベイコンの立場は次のようなことになろうか。すなわち、知るということ、知の探求にとって、好奇心は確かに重要なのだが、好奇心は「鉛と錘り」つまりカリタスによって、節度をもって「中性化」される必要があるということである。

ベイコンが『ノウム・オルガヌム』より十五年前に著した『学問の進歩』（一六〇五年）の第二巻で「学問の歴史」を書くことについて述べていることは、「好奇心の抑制」がベイコンの終生変わらぬ見解であったことを教えてくれる。「歴史には、自然の歴史〔自然誌〕と世俗社会の歴史と教会の歴史と学問の歴史」があるが、「前三者は、現存していると認めるが、最後のものは、欠けている」とベイコンは述べる。そこでベイコンは「学問の歴史」を書くという構想を次のように宣言するのだ。

わたくしは、この仕事の効用と目的を、学問を愛好するものの好奇心をみたすことではなくて、主として、もっとまじめで重大なもくろみ、簡単にいうなら、学問を活用し運用するさいに、学者を賢明にすることにしたい思う。

このような「好奇心の抑制」はデカルトにも見られるものだった。デカルトは好奇心が知の探究を動機づけるものとみなしていたが、それが規律化されず方向づけられない場合は盲目的なものとなり、非生産的になると考えていたのである（『精神指導の規則』一六二八年）。

「男の好奇心」と近代的学知の展開

以上に述べてきたような学知と関連する好奇心が、女性と結びつけられることはなかった。知的な好奇心は端的に言って、男性のものであった。

おそらくそれは、女性がヨーロッパ社会の歴史のなかで学問的探究からたいてい遠ざけられ、哲学的な言説のなかでそのような存在としてみなされてこなかったからである。十七世紀以降の知識人による好奇心に対する肯定的な評価は数多くあるが、紙幅の都合もあり、ここで逐一取り上げることはしない。以下では西洋近世の代表的な知識人を数人取り上げ、好奇心に対する主張を確認しておこう。

一六二〇年に『ノウム・オルガヌム』が刊行された直後にベイコンの助手となり、口述筆記やベイコンが書いた論文のラテン語訳を手がけたのが、近代政治学の創始者の一人として名高いトマス・ホッブズであった。その主著『リヴァイアサン』（一六五一年）は、人間の自然権の行使によって生じる「万人の万人に対する闘争」状態を回避するために、その権利は国家に委ねられるべきだとして絶対王政を肯定した書である。好奇心はこの書のなかできわめて高く評価されている。

なぜ、いかにして、を知ろうとする「欲求」は《好奇心》である。それは「人間（Man）」

以外の生物には存在しない。したがって、人間は、理性だけではなく、この一つの情念を持つ点で、他の「動物」から区別される。動物にあっては、食欲、その他感覚上の快楽にたいする欲求が支配的であり、そのために、原因を知ろうとする好奇心はなくなる。好奇心は精神的情欲（Lust）であり、それは継続的にあくことなく知識を産出する楽しみに従事するとき、いかなる肉的な快楽の短時間の激しさをもしのぐ（「第一部　人間について　第六章　一般に情念と呼ばれる、意志を持った運動の内的発展について、また、その表現としての話法について」）。

人間を人間たらしめている情念の一つとして好奇心が認識され、賞賛されているのだ。ベイコンの好奇心観に見られた保留条件（鉛と錘り）は見られない。好奇心を「精神的情欲」とあからさまに形容するホッブズには、中世以来の「悪徳としての好奇心」を恥じ入る痕跡すらも見出せない。そして「人間」が「男性（Man）」という言葉で表現されていることにも注意しておくべきだろう。

啓蒙哲学とイギリス経験論哲学の祖とされるジョン・ロックは『教育に関する考察』（一六九三年）のなかで次のように述べている。

子どもの内にある好奇心は（……）知識に対する欲望にほかならない。したがってそれは、素晴しい徴候としてだけでなく、自然が与えた卓越した道具として子どものなかで育つことが促されるべきである。その結果、子どもがこの世にたずさえて持ってきた無知が取り除かれるし、この活気のある強い好奇心がなければ、無知は子どもたちをなまくらに、役に立たない生き物にしてしまうだろう。

十八世紀に入ると好奇心の賞賛はさらに拍車がかかることになる。フランスの啓蒙思想家で三権分立制の創唱者として名高いモンテスキューは、十八世紀初めに科学を推進する動因についてアカデミーで講演を行った。第一番目の動因は、自分がますます優秀になっていくときに実感する内心の満足感である。そして第二番目の動因として挙げられているのが好奇心である。

> 二番目の動機は、人間なら誰しも持っているなんらかの好奇心であり、そのような好奇心が今世紀ほど理にかなったことは今までになかった。われわれは、人間のもっている認識能力の限界がちょうど無限に後退したばかりで、学識者たちも自分たちがそんなに学識をそなえていることに驚き、あまりに大成功をおさめたので、本当に成功したのだろうかと時には疑ったこともあったという話が、毎日聞こえてくる。

モンテスキューは、十八世紀初頭の「現代ほど好奇心が正当化されたことはいまだかつてなかった」と語っているわけだが［ブルーメンベルク］、引用文中の「学識者」が当時のヨーロッパ社会を考えた場合、「男性」を意味していることは明らかである。

十八世紀の例をもう一つ確認しておこう。ロック以来の経験論哲学を引き継いで徹底化し、因果法則も習慣の所産と考え、あらゆる形而上学的偏見の排除に努めたイギリスの哲学者デヴィッド・ヒュームの例だ。ヒュームは、『人性論』（一七三九―四〇年）において、好奇心を「われわれのすべての探究の最初の源である、真実についての愛」として高らかに賞賛したのであった。

以上、十七世紀初めのベイコンから十八世紀初めのヒュームに至る知識人の好奇心観を見てきたわけだが、好奇心をめぐるジェンダーの問題については次のようにまとめることができる。

ベイコンとヒュームのあいだの好奇心の部分的な復権は、大部分、男性の好奇心に限定されていた。男性の好奇心が名誉回復させられるにつれ、女性は好奇心の否定的な形態に陥りやすいものとして次第に描写されるようになったのである［Cottegnies & Parageau］。

「好奇心観の変化」と「近代的精神の成立」

中世以来の「悪徳としての好奇心」から「知的原動力としての好奇心」への変化が起こったのは十七世紀のことであった。この時期にヨーロッパ世界で起こったことは何だったのか、最後に整理しておくことにしたい。

一つはすでに述べたことだが、「魔女狩りの時代の終焉」である。もちろん、魔女狩りは十七世紀後半以降も各地で散発的に起こった。しかし、大規模な魔女狩りが行われることは一六三〇年代以降はなくなった。魔女を邪悪な魔術にいざない悪魔の奴隷と化してしまう「悪徳としての好奇心」は、魔女や悪魔の実在がどんどん信じられなくなってしまう世の中では有効な力を発揮することはできなかった。好奇心は、悪魔と魔女の領域から次第に切り離されていったのである。しかし、その一方で、否定的な意味における好奇心はその後も女性と結びつけられ続け、残存した。

たとえば十七世紀末、フランスのカトリック神学者フランソワ・ド・サリニャック・ド・ラ・モテ・フェヌロンは『女子教育論』（一六八七年）のなかでこう述べている。

学問のある馬鹿げた女を創り出すのは慎重であるべきだというのは本当である。女は一般的に男よりも虚弱な精神をもち、好奇心が強いのだ。

フェヌロンは女性を必然的に好奇心が強い存在として描いているわけだが、これは少女たちの読書を制限し、その詮索好きを抑制するためであった。女性の精神的虚弱性を主張して、男性に対する女性の劣位を主張する論法は、魔女になぜ女性が多いのかを説明する悪魔学者たちの論法とまったく変わらない。「悪徳としての好奇心」は、魔女から女性一般にスライドし、女性一般が担うようになったのである。
家父長制社会が進展するヨーロッパの近世から近代にかけての時代、女性が政治・文学をはじめとする男性の活躍舞台に侵入し始めると、方法論や正当な理由のない好奇心は女性的なものとされるようになった。その一方で、方法論があり、正当な理由のある好奇心は、自然科学研究に代表される領域で男性によって担われるべきものとされたのである。

好奇心の悪しき形態の咎で女性を告発することは、ますます変化の度合いを強めつつあった社会において、「事実上」、女性をコントロールし、いっそう慣習的なジェンダー役割を再び割り当てる手段となったのである〔Cottegnies & Parageau〕。

さて、「好奇心観の変化」を促した十七世紀に起こったもうひとつの出来事は、「驚異の時代の終焉」である。十六世紀において、怪物・奇形の誕生、地震、彗星の飛来、血の雨をはじめとする驚異は神の怒りや警告を示すものとして受容されることが一般的であった。ことに宗教改革が勃発し、宗教戦争で新旧両派が血で血を洗う世の中になると、新旧両派のそれぞれの思惑から驚異が利用されたのであった。しかし、時代を経るにしたがって、「自然の驚異」が前面にせり出してくることになる。驚異は神の怒りというよりはむしろ、自然の豊饒さのしるしとして受け取られていくのだ。このような態度が濃厚に見られるのがベイコンであった。ベイコンは『ノウム・オルガヌム』（第二巻二九）で次のように述べている。将来の自然哲学者に対する助言である。編集物、もしくは特別の自然誌が、すべての怪物と自然の驚異的な誕生について作成されなければならない。要するに、自然において新しくて珍しく普通でないあらゆるものについてである。これは信用の価値あるものにするために、厳密な選択によって行われるべきである。

このベイコンの言葉からは、怪物のような異常なものからこそ、自然が理解できるのだという発想を読み散ることができるだろう。怪物の研究が、自然科学研究の重要な対象とみなされているわけである。だが怪物は、十七世紀末までに地震や彗星など他の驚異との結びつきを解消していくことになる。怪物の問題は、比較解剖学と発生学という医学の領域で扱われることになるのだ。むろん、この過程は緩慢な動きであった。認識論と科学史の総合を目指したフランスの科学哲学者ジョルジュ・カンギレムはこう述べている。

まさしく十九世紀になって、奇形についての科学的説明と、それに付随して怪物的なものの縮小が成し遂げられる。奇形学は、比較解剖学と、後成説の採用によって改革された発生学とが遭遇する地点で誕生する（「奇形と怪物的なもの」『生命の認識』）。

十七世紀以降のヨーロッパ社会で顕在化し始めた近代合理主義的な科学と思潮は、まだ中世的な特徴を残しながらも、魔女狩りと驚異の時代を徐々に終焉に向かわせた。その思潮を下支えしたものこそ、十七世紀の好奇心の変貌後に顕在化した「賞賛されるべき男の好奇心」、すなわちひとつの「近代的精神」だったのである。

驚異の領域に含まれていた彗星や隕石の飛来は天文学、地震は地学という個別の専門的学問領域でやがて研究されることになるだろう。もちろん、博物学という総合的学問領域が当分のあいだヨーロッパの知の領域を支配することになる。これらの学問も十七世紀に顕在化した「賞賛されるべき男の好奇心」のもとで展開されていくことになるが、その実像の探求はまた別の機会に譲らねばならない。

おわりに

イタリア出身の歴史家カルロ・ギンズブルグは、日本でもよく知られている世界的な歴史家の一人である。『闇の歴史』(原著一九八九年)や『ベナンダンティ』(原著一九六六年)は、西欧近世の魔女に関するきわめて重要な研究書である。前者は、広大な時空間を視野に入れた魔女のサバトの起源に関する学際的な研究であり、一方、後者は十六世紀イタリアのヴェネツィアのフリウーリ地方でベナンダンティという民間信仰が異端審問官の圧力のもとで魔女信仰に変形していく様子を克明に描いたミクロストリア的な研究である。この二つの著作の出版年のほぼ中間の年である一九七六年にギンズブルグは「高きものと低きもの――一六世紀、一七世紀の禁じられた知について」という論文を発表している(竹山博英訳『神話・寓意・徴候』せりか書房、一九八八年〔原著一九八六年〕所収)。実は、これは本書で見てきた「好奇心」の問題を扱ったものである。

ギンズブルグの論文は、『新訳聖書』の「ローマの信徒への手紙」(十一:二〇)にある「思い上がってはなりません。むしろ恐れなさい」という言葉が、中世・近世のヨーロッパ社会で度重なる再解釈を経て「高きものを知ることなかれ」という言葉に変化していった経緯、またそれが十七世紀のオランダにおける神学論争のなかでもっていた意味について論じたものである。したがって本書の目的と異なるのだが、交差するところも多い。「高きものを知ろうとすること」とは好奇心の謂である。

ギンズブルグは論文の終わりの方で、十八世紀初頭のオランダで出版された一冊の本の口絵を取り上げ、そこに記されている格言「あえて試みる勇気があるなら、いかなる困難にも打ち勝てる」を分析している。この書物は『イギリス・ロイヤル・ソサエティあての書簡集』、すなわち本書でもふれたイギリス王立協会あての書簡集で、著者は自ら顕微鏡を制作し、初めて赤血球の正確な記述を残したことで知られるオランダの顕微鏡学者・博物学者アントン・ファン・レーウエンフックであった。ギンズブルグは次のように述べている。

口絵の意味は次のように解き明かせる。時はやって来た。自然の秘密はもはや隠されてはいない。科学者の知的大胆さが自然の恵みを我らの足元に置くだろう。/「高きものを知ることなかれ」と「敢えて知を求めよ」の間にあったあやうい均衡は崩れ去った。知の領域に引かれていた古き境界線を越えて行け、と奨励するこの言葉(……)

この言葉が、本書の「はじめに」でも述べたように、現在の日本の文教政策の文言にもこだましているわけである。ギンズブルグはまたこの引用文の少し前の箇所で十七世紀オランダの神学論争に見られる、「敢えて知を求める」態度、そして「探求の自由」を求める姿勢を評して、「要するに新しい知識人像が姿を現しつつあったのだ（それは良かれ悪しかれ、現在まで受けつがれている）」と述べている。

このように見ると、「好奇心の歴史」はヨーロッパの歴史の一エピソードにとどまるものではないことがわかる。それは現代の教育・科学・学問のあり方、また知識人という存在について考えさせてくれるきわめて重要なものなのだ。

好むと好まざるとにかかわらず、現代の世界は科学技術なしにはありえない。そしてそれは日々更新されていく。それもめまぐるしくである。

その更新の起動力となっているのが、科学者・学者・研究者の「好奇心」であろう。考えてみると、日々更新されていく科学技術のなかには宇宙開発、生殖医療、エネルギー開発、人工知能（ＡＩ）など今後の人類の生存にとって、喫緊の、そして微妙な問題をはらんだきわめて重要なものが含まれている。このような時代に生きている私たちにとって、私たちを突き動かす「好奇心」とは、そもそもいったい何なのだろうか。

言うまでもないことだが、好奇心を持つべきではない、と言いたいのではない。それは人間という生き物の性格上、土台無理なことだ。本書で見たように、ヨーロッパ社会の古代から近世にかけての好奇心をめぐる当時の最高の知性による賛否両論の議論がこのことを証明している。

現代は様々な価値観がぶつかり合って混沌とし、行き先の見えない時代である。このような時代であるからこそ、人間という存在にとって、人間を未知の世界の探求に向かわせる「好奇心とはそもそも何か」、という問題をあらためて原理的に考えることも必要ではないだろうか。好奇心は人間を人間たらしめる究極原理のひとつなのだ。現在、好奇心をもつ人間はどこに向かおうとしているのだろうか。本書が、このような問題を考える際の一素材になれば望外の喜びである。

本書の内容は、西洋世界における魔女狩りの歴史、驚異の歴史、好奇心の歴史という三つの領域にまたがっている。それぞれが膨大な研究蓄積をもっている。本書では、無謀な試みであることは承知していながら、この三領域が密接に関わっていることを微力ながら明らかにし、その関連性の探究から西洋における近代的精神の成立を考えようとした。至らぬ点が多々あるかと思う。残された問題とともに、今後の課題としたい。

本書の構想の原型は、二〇一四年の日本宗教学会第七十三回学術大会で口頭発表した「魔女と驚異と好奇心」である（『宗教研究』別冊八八号、二〇一五年）。その数年前に、本書執筆のお話は筑摩書房の田中尚史氏からいただいた。それから随分時間が経ってしまったが、忍耐強く、見捨てることなく原稿を待ってくださった田中氏に心より感謝申し上げたい。

研究を続け、原稿を執筆していたこの数年のあいだ、本書の内容と深く関わる国立民族学博物館の共同研究会に参加できたことは誠に幸せであった。山中由里子先生が研究代表者を務める「驚異譚にみる文化交流の諸相――中東・ヨーロッパを中心に」と「驚異と怪異――想像界の比較研究」である。多くの様々な知的刺激を与えてくださった両研究会に感謝したい。

最後に。本書執筆の話を田中氏に打診してくださったのは、地獄絵や怪異など日本中世史の魅惑的な世界を教えてくださった西山克先生である。西山先生にはあらためて衷心から感謝を申し上げたい。

黒川正剛

二〇一八年六月

1994 年.
ポミアン，クシシトフ（吉田城・吉田典子訳）『コレクション――趣味と好奇心の歴史人類学』平凡社，1992 年.
溝井裕一『ファウスト伝説　悪魔と魔法の西洋文化史』文理閣，2009 年.
メラー，ベルント（森田安一・棟居洋・石引正志訳）『帝国都市と宗教改革』教文館，1990 年.
山中由里子編『〈驚異〉の文化史――中東とヨーロッパを中心に』名古屋大学出版会，2015 年.
山本顕一「解題（『南極フランス異聞』)」(『カルチエ，テヴェ　フランスとアメリカ大陸 1』（大航海時代叢書第 II 期 19）岩波書店，1982 年).
ルゴフ，ジャック（池上俊一訳）「中世の科学的驚異」『中世の夢』名古屋大学出版会，1992 年.
渡辺晋輔『ポケットガイド　西洋版画の見かた』国立西洋美術館，2011 年.

pp. 102–112.
Wilson, Dudley, *Signs and Portents: Monstrous Birth from the Middle Ages to the Enlightenment*, Routledge, 1993.

［デジタル資料］

https://www.lib.umn.edu/apps/bell/map/PTO/GEO/trans.html（access date 2015/05/04）

［和書］

池上俊一『狼男伝説』朝日新聞社，1992 年.
伊藤進「フランス・ルネサンスの想像界——ピエール・ド・レトワルの『日記』を読む（Ⅰ）－（Ⅳ）」『中京大学教養論叢』106–109 号，1994 年.
同『怪物のルネサンス』河出書房新社，1998 年.
ヴァールブルク，アビ（進藤英樹訳）「ルター時代の言葉と図像に見る異教的＝古代的予言」（1920 年），『異教的ルネサンス』筑摩書房，2004 年所収.
カンギレム，ジョルジュ（杉山吉弘訳）『生命の認識』法政大学出版局，2002 年.
国立西洋美術館監修『デューラーとドイツ・ルネサンス展　D.D.R. の美術館から』日本経済新聞社，1972 年.
佐々木英也，森田義之責任編集『世界美術大全集　第 11 巻　イタリア・ルネサンス 1』小学館，1992 年.
杉崎泰一郎『欧州百鬼夜行抄』原書房，2002 年.
『中央評論　特集・驚異と好奇心』284 号，中央大学，2013 年.
ドリュモー，ジャン（永見文雄・西澤文昭訳）『恐怖心の歴史』新評論，1997 年.
同（佐野泰雄・江花輝昭・久保田勝一・江口修・寺迫正廣訳）『罪と恐れ——西欧における罪責意識の歴史・十三世紀から十八世紀』新評論，2004 年.
二宮敬「解説」（『カルチエ，テヴェ　フランスとアメリカ大陸 1』（大航海時代叢書第 II 期 19）岩波書店，1982 年）.
フーケー，G／G. ツァイリンガー（小沼明生訳）『災害と復興の中世史』八坂書房，2015 年.
フェーブル，リュシアン（二宮敬訳）『フランス・ルネサンスの文明——人間と社会の四つのイメージ』筑摩書房，1996 年.
ブラン，ジャン（有田潤訳）『ストア哲学』白水社文庫クセジュ，1959 年.
ブルーメンベルク，ハンス（忽那敬三訳）『近代の正統性 II　理論的好奇心に対する審判のプロセス』法政大学出版局，2001 年.
ベーメ，ハルトムート（加藤淳夫訳）『デューラー《メレンコリア I》』三元社，

in John W. Shirley & F. David Hoeniger, eds., *Science and the Arts in the Renaissance*, Folger Shakespeare Library, 1985, pp. 130–148.

Hole, Robert, "Incest, consanguinity and a monstrous birth in rural England January 1600", *Social History*, Vol. 25, No. 2, May 2000, pp. 183–199.

Huet, Marie-Hélène, "Monstrous Medicine", in Laura Lunger Knoppers and Joan B. Landes, eds., *Monstrous Bodies/Political Monstrosities in Early Modern Europe*, Cornell University Press, 2004, pp. 127–147.

Jouanna, Arlette, Philippe Hamon, Dominique Biloghi, Guy Le Thiec, *La France de la Renaissance: histoire et dictionnaire*, Robert Laffont, 2001.

Kenny, Neil, *The Uses of Curiosity in Early Modern France and Germany*, Oxford University Press, 2004.

Kenseth, Joy., ed., *The Age of the Marvelous*, Hood Museum of Art, Dartmouth College, 1991.

Kieckhefer, Richard, "Magie et sorcellerie en Europe au moyen âge", dans Robert Muchembled, dir., *Magie et sorcellerie en Europe du moyen âge à nos jours*, Armand Colin, 1994, pp. 17–44.

Lecouteux, Claude, *Les Monstres dans la pensée médiévale européenne*, Presses de l'Université de Paris-Sorbonne, 1993.

Levack, Brian P., *The Witch-hunt in Early Modern Europe,* Longman, 1987.

MacDougall, Elisabeth B., "A Paradise of Plants: Exotica, Rarities, and Botanical Fantasies", in Joy Kenseth, ed., *The Age of the Marvelous,* Hood Museum of Art, Dartmouth College, 1991, pp. 145–157.

Platt, Peter G., *Wonders, Marvels, and Monsters in Early Modern Culture*, University of Delaware Press, 1999.

Po-Chia Hsia, R., "A Time for Monsters: Monstrous Births, Propaganda, and the German Reformation", in Laura Lunger Knoppers and Joan B. Landes, eds., *Monstrous Bodies/Political Monstrosities in Early Modern Europe,* Cornell University Press, 2004, pp. 67–92.

Ruickbie, Leo, *Faustus: The Life and Times of a Renaissance Magic,* The History Press, 2011.

Sigwalt-Dumotier, Éliane, "Les voyageurs naturaliste en Amérique au seizième siècle: André Thevet (1504?–1592)", dans *Les naturaliste français en Amérique du Sud XVI*[e]*–XIX*[e] *siècles,* textes réunis et publiés par Yves Laissus, Éditions du CTHS, 1995, pp. 24–41.

Tuczay, Chrsita, "Trithemius, Johannes (1463-1516), in Richard M. Golden,, ed., *Encyclopedia of Witchcraft: The Western Tradition,* ABC-CLIO, 2006, pp.1136–1137.

Welu, James A., "Strange New Worlds: Mapping the Heavens and Earth's Great Extent", in Joy Kenseth, ed., *The Age of the Marvelous*, Hood Museum of Art, Dartmouth College, 1991,

Encyclopedia of Witchcraft: The Western Tradition, ABC–CLIO, 2006, pp. 352–353.
Benedict, Barbara M., *Curiosity: A Cultural History of Early Modern Inquiry*, The University of Chicago Press, 2001.
Bildhauser, Bettina & Robert Mills, eds. *The Monstrous Middle Ages,* University of Toronto Press, 2003.
Burns, William E., *Witch Hunts in Europe and America*, Greenwood Press, 2003.
Bynum, Caroline Walker, "Wonder", *American Historical Review*, 1997, 102, No.1. February, pp. 1–26.
Céard, Jean, *La Nature et les prodiges: Insolite au XVIe siècle*, Librarire Droz S.A., 1977.
Cottegnies, Line, Sandrine Parageau & John J. Thompson, eds., *Women and Curiosity in Early Modern England and France*, Brill, 2016.
Chrisman, Miriam Usher, *Lay Culture and Learned Culture: Books and Social Change in Strasbourg, 1480–1599*, Yale University Press, 1982.
Dackerman, Susan, ed., *Prints and Pursuit of Knowledge in Early Modern Europe*, Harvard Art Museums, 2011.
Daston, Lorraine, "Marvelous Facts and Miraculous Evidence in Early Modern Europe", *Critical Inquiry*, Autumn, 1991, pp. 93–124.
Daston, Lorraine and Katharine Park, "Unnatural Conceptions: The Study of Monsters in Sixteenth- and Seventeenth-century France and England", *Past and Present*, 92, 1981, pp. 20–54.
Daston, Lorraine and Katharine Park, *Wonders and the Order of Nature 1150–1750*, Zone Books, 2001.
Delumeau, Jean, *Sin and Fear: The Emergence of a Western Guilt Culture 13th–18th Centuries*, translated by Eric Nicholson, St. Martin's Press, New York, 1990.
Flint, Valerie I. J., *The Imaginative Landscape of Christopher Columbus*, Princeton University Press, 1992.
Friedman, John Block, *The Monstrous Races in Medieval Art and Thought,* Syracuse University Press, 2000.
Golden, Richard M., ed., *Encyclopedia of Witchcraft: The Western Tradition,* ABC–CLIO, 2006.
Guiley, Rosemary Ellen, *The Encyclopedia of Witches and Witchcraft,* Facts On File, 1989.
Harent, Sophie et Martial Cuédron, eds., *Beauté monstres: Curiosité, prodigies et phénomènes,* Somogy Éditions d'Art, 2009.
Harrison, Peter, "Curiosity, Forbidden Knowledge, and the Reformation of Natural Philosophy in Early Modern England", *Isis*, 92, pp. 265–290.
Hoeniger, F. David., "How Plants and Animals Were Studied in the Mid-Sixteenth Century",

所収.
同（島崎三郎訳）『動物発生論』,『アリストテレス全集 9』岩波書店, 1969 年所収.
同（山本光雄訳）『弁論術』,『アリストテレス全集 16』岩波書店, 1968 年所収.
同（今道友信訳）『詩学』,『アリストテレス全集 17』岩波書店, 1968 年所収.
エインハルドゥス, ノトケルス（國原吉之助訳・注）『カロルス大帝伝』筑摩書房, 1988 年.
『カルチエ, テヴェ　フランスとアメリカ大陸 1』（大航海時代叢書第 II 期 19）岩波書店, 1982 年.
ゲルウァシウス, ティルベリの（池上俊一訳）『皇帝の閑暇』青土社, 1997 年.
ジェルソン, ジャン・シャルリエ（徳田直弘訳）「学者の好奇心を戒む（1402 年）」（澤田昭夫監修『宗教改革著作集第 13 巻』教文館, 1994 年）.
テヴェ, アンドレ（山本顕一訳・注）『南極フランス異聞』（『カルチエ, テヴェ　フランスとアメリカ大陸 1』（大航海時代叢書第 II 期 19）岩波書店, 1982 年）.
プリニウス（中野定男・中野里美・中野美代訳）『プリニウスの博物誌 I・II・III』雄山閣, 1986 年.
パレ, アンブロワーズ（黒川正剛訳）『怪物と驚異について』（池上俊一監修『原典ルネサンス自然学（上）』名古屋大学出版会, 2017年）.
ベーコン, フランシス（服部英次郎・多田英次訳）『学問の進歩』岩波文庫, 1974年.
同（桂寿一訳）『ノヴム・オルガヌム（新機関）』岩波文庫, 1978 年.
ペロー, シャルル（工藤庸子訳）「青ひげ」（工藤庸子解説『いま読む　ペロー「昔話」』羽鳥書店, 2013 年）.
ホッブズ（永井道雄・宗片邦義訳）『リヴァイアサン』（『世界の名著 23』中央公論社, 1971 年）.
マーロウ, クリストファ（永石憲吾訳）『カルタゴの女王ダイドウ・フォスタス博士』英潮社新社, 1988 年.

【二次文献】

Ashworth, Jr., William, "Remarkable Humans and Singular Beasts", in Joy Kenseth, ed., *The Age of the Marvelous*, Hood Museum of Art, Dartmouth College, 1991, pp. 113-144.
Barry, Jonathan, "Glanvill, Joseph (1636-1680)", in Richard M. Golden, ed., *Encyclopedia of Witchcraft: The Western Tradition*, ABC-CLIO, 2006, pp. 445-446.
Behringer, Wolfgang, "Faust, Johann Georg (ca.1480-1540)", in Richard M. Golden, ed.,

主要参考文献

【史料】

Bodin, Jean, *De la démonomanie des sorciers,* Paris, 1580,（Georg Olms Verlag, 1988）.

de Lancre, Pierre, *Tableau de l'inconstance des mauvais anges et démons ou il est amplement traité des sorciers et de la sorcellerie,* Paris, 1613,（Introduction critique et notes par Nicole Jacques-Chaquin, Aubier, 1982）.

Glanvill, Joseph, *Saducismus Triumphatus or, Full and Plain Evidence concerning Witches and Apparitions,* London, 1689,（a facsimile reproduction with an introduction by Coleman O. Parsons, Scholars' Facsimiles & Reprints, 1966）.

Hobbes, Thomas, *Leviathan,* London, 1651,（Penguin Books, 1968）.

Institoris, Henricus and Jacobus Sprenger, *Malleus Maleficarum,* edited and translated by Christopher S. Mackay, Volume I,II, Cambridge University Press, 2006.

King James the First, *DÆMONOLOGIE,* Edinburgh, 1597,（Edinburgh University Press, 1966）.

Paré, Ambroise, *Des Monstres et prodigies*（1585）, édition critique et commentée par Jean Céard, Libraire Droz, 1971.

［デジタル資料］

Augustinus, Aurelius, *De civitate dei,* IntraText Digital Library（http://www.intratext.com/IXT/LAT0395/）（access date 2016/01/08）.

Marlowe, Christopher, *The Tragical History of Doctor Faustus*, London, 1604 http://www.gutenberg.org/files/779/779-h/779-h.htm（access date 2016/01/08）.

Thevet, André, *Les singularitez de la France antarctique*, Paris, 1558（http://gallica.bnf.fr/ark:/12148/bpt6k109516t）（access date 2016/01/08）.

［和書］

アウグスティヌス（服部英次郎・藤本雄三訳）『神の国（四）』岩波書店，1986 年.

同『神の国（五）』岩波書店，1991 年.

同（泉治典ほか訳）『神の国（下）』教文館，2014 年.

同（山田晶訳）『告白』中央公論社，1968 年.

アリストテレス（出隆訳）『形而上学（上）』岩波書店，1959 年.

同（出隆・岩崎允胤訳）『自然学』，『アリストテレス全集 3』岩波書店，1968 年

図32　Paré, *Des Monstres et prodigies,* p. 143.
図33　Paré, *Des Monstres et prodigies,* p. 119.
図34　Burns, *Witch Hunts in Europe and America,* p. 88.
図35　Guiley, *The Encyclopedia of Witches and Witchcraft,* p. 124.
図36　Golden, ed., *Encyclopedia of Witchcraft,* p. 123.
図37　Harrison, "Curiosity, Forbidden Knowledge, and the Reformation of Natural Philosophy in Early Modern England", p. 276.
図38　Golden, ed., *Encyclopedia of Witchcraft,* p. 445.
図39　Benedict, *Curiosity,* p. 26.
図40　Harrison, "Curiosity, Forbidden Knowledge, and the Reformation of Natural Philosophy in Early Modern England", p. 264.
章扉　［1～3章］Ernst & Johanna Lehner, Monsters and Dragons (CD-ROM & BOOK), Dover Publications, Inc., 2005.
［4章］Hans Baldung Grien・Prints & Drawings, Exhibition Organized and Catalogue Edited by James H. Marrow & Alan Shestackwith Three Essays on Baldung and His Art by Alan Shestack, Charles W. Talbot and Linda C. Hults, Yale University Art Gallery, 1981.

図版出典

（正確な書名等については，「主要参考文献」を参照）

図 1　Wilson, *Signs and Portents,* p. 30.
図 2　Harent & Cuédron, ed., *Beauté monstres,* p. 144.
図 3　『世界美術大全集　第11巻　イタリア・ルネサンス1』，図版番号 128.
図 4　Dackerman, ed., *Prints and Pursuit of Knowledge in Early Modern Europe,* p. 343.
図 5　Kenseth, ed., *The Age of the Marvelous,* p. 359.
図 6　Kenseth, ed., *The Age of the Marvelous,* p. 372.
図 7　Kenseth, ed., *The Age of the Marvelous,* p. 361.
図 8　Daston & Park, *Wonders and the Order of Nature 1150-1750,* p. 36.
図 9　Kenseth, ed., *The Age of the Marvelous,* p. 119.
図10　Kenseth., ed., *The Age of the Marvelous,* p. 119.
図11　テヴェ『南極フランス異聞』，294頁.
図12　テヴェ『南極フランス異聞』，349頁.
図13　テヴェ『南極フランス異聞』，369頁.
図14　Kenseth, ed., *The Age of the Marvelous,* p. 125.
図15　テヴェ『南極フランス異聞』，463頁.
図16　テヴェ『南極フランス異聞』，225頁.
図17　Paré, *Des Monstres et prodigies,* p. 129.
図18　Kenseth, ed., *The Age of the Marvelous,* p. 331.
図19　Harent & Cuédron, ed., *Beauté monstres,* p. 128.
図20　Paré, *Des Monstres et prodigies,* p. 131.
図21　Paré, *Des Monstres et prodigies,* p. 132.
図22　Daston & Park, *Wonders and the Order of Nature 1150-1750,* p. 188.
図23　Daston & Park, *Wonders and the Order of Nature 1150-1750,* p. 188.
図24　Po-Chia Hsia, "A Time for Monsters", p. 86.
図25　Po-Chia Hsia, "A Time for Monsters", p. 88.
図26　Po-Chia Hsia, "A Time for Monsters", p. 90.
図27　Chrisman, *Lay Culture and Learned Culture,* p. 262.
図28　国立西洋美術館監修『デューラーとドイツ・ルネサンス展』，図版番号 146.
図29　Kenseth, ed., *The Age of the Marvelous,* p. 325.
図30　Harent & Cuédron, ed., *Beauté monstres,* p. 148.
図31　Paré, *Des Monstres et prodigies,* p. 142.

黒川正剛（くろかわ・まさたけ）

一九七〇年生まれ。東京大学大学院総合文化研究科博士課程単位取得退学。博士（学術、東京大学）。現在、太成学院大学人間学部教授。専門は西欧中・近世史、宗教史。著書に『図説　魔女狩り』（河出書房新社）、『魔女とメランコリー』（新評論）、『魔女狩り――西欧の三つの近代化』（講談社選書メチエ）、訳書にバーストウ『魔女狩りという狂気』（創元社）などがある。

筑摩選書　0164

魔女《まじょ》・怪物《かいぶつ》・天変地異《てんぺんちい》　近代的精神《きんだいてきせいしん》はどこから生《う》まれたか

二〇一八年八月一五日　初版第一刷発行

著　者　黒川正剛《くろかわまさたけ》

発行者　喜入冬子

発行所　株式会社筑摩書房
東京都台東区蔵前二-五-三　郵便番号　一一一-八七五五
振替　〇〇一六〇-八-四一二三

装幀者　神田昇和

印刷 製本　中央精版印刷株式会社

乱丁・落丁本の場合は左記宛にご送付ください。

送料小社負担でお取り替えいたします。

ご注文、お問い合わせも左記へお願いいたします。

筑摩書房サービスセンター
さいたま市北区櫛引町二-六〇四　〒三三一-八五〇七　電話　〇四八-六五一-〇〇五三

 ISBN978-4-480-01671-3 C0322

筑摩選書
0002

江戸絵画の不都合な真実

狩野博幸

近世絵画にはまだまだ謎が潜んでいる。若冲、芦雪、写楽など、作品を虚心に見つめ、文献資料を丹念に読み解くことで、これまで見逃されてきた〝真実〟を掘り起こす。

筑摩選書
0011

現代思想のコミュニケーション的転回

高田明典

現代思想は「四つの転回」でわかる！ 「モノ」から「コミュニケーション」へ、「わたし」から「みんな」へと至った現代思想の達成と使い方を提示する。

筑摩選書
0018

内臓の発見
西洋美術における身体とイメージ

小池寿子

中世後期、千年の時を超えて解剖学が復活した。人体内部という世界の発見は、人間精神に何をもたらしたか。身体をめぐって理性と狂気が交錯する時代を逍遥する。

筑摩選書
0027

「窓」の思想史
日本とヨーロッパの建築表象論

浜本隆志

建築物に欠かせない「窓」。それはまた、歴史・文化的にきわめて興味深い表象でもある。そこに込められた意味を日本とヨーロッパの比較から探るひとつの思想史。

筑摩選書
0035

生老病死の図像学
仏教説話画を読む

加須屋誠

仏教の教理を絵で伝える説話画をイコノロジーの手法で読み解くと、中世日本人の死生観が浮かび上がる。生活史・民俗史をも視野に入れた日本美術史の画期的論考。

筑摩選書
0040

100のモノが語る世界の歴史1
文明の誕生

N・マクレガー
東郷えりか 訳

大英博物館が所蔵する古今東西の名品を精選。遺されたモノに刻まれた人類の記憶を読み解き、今日までの文明の歩みを辿る。新たな世界史へ挑む壮大なプロジェクト。

筑摩選書 0068

「魂」の思想史
近代の異端者とともに

酒井 健

合理主義や功利主義に彩られた近代。時代の趨勢に反し、魂の声に魅き込まれた人々がいる。彼らの思索の跡は我々に何を語るのか。生の息吹に溢れる異色の思想史。

筑摩選書 0069

数学の想像力
正しさの深層に何があるのか

加藤文元

緻密で美しい論理を求めた哲学者、数学者たちは、真理の深淵を覗き見てしまった。彼らを戦慄させた正しさのパラドクスとは。数学の人間らしさとその可能性に迫る。

筑摩選書 0070

社会心理学講義
〈閉ざされた社会〉と〈開かれた社会〉

小坂井敏晶

社会心理学とはどのような学問なのか。本書では、社会を支える「同一性と変化」の原理を軸にこの学の発想と意義を伝える。人間理解への示唆に満ちた渾身の講義。

筑摩選書 0071

一神教の起源
旧約聖書の「神」はどこから来たのか

山我哲雄

ヤハウェのみを神とし、他の神を否定する唯一神観。この観念が、古代イスラエルにおいていかにして生じたのかを、信仰上の「革命」として鮮やかに描き出す。

筑摩選書 0084

死と復活
「狂気の母」の図像から読むキリスト教

池上英洋

「狂気の母」という凄惨な図像に読み取れる死と再生の思想。それがなぜ育まれ、絵画、史料、聖書でどのように描かれたか、キリスト教文化の深層に迫る。

筑摩選書 0093

キリストの顔
イメージ人類学序説

水野千依

見てはならないとされる神の肖像は、なぜ、いかにして描かれえたか。キリストの顔をめぐるイメージの地層を掘り起こし、「聖なるもの」が生み出される過程に迫る。

筑摩選書
0095

境界の現象学
始原の海から流体の存在論へ

河野哲也

境界とは何を隔て、われわれに何を強いるのか。皮膚・家・国家——幾層もの境界を徹底的に問い直し、3・11後の世界の新しいつながり方を提示する、哲学の挑戦。

筑摩選書
0104

映画とは何か
フランス映画思想史

三浦哲哉

映画を見て感動するわれわれのまなざしとは何なのか。本書はフランス映画における〈自動性の美学〉にその答えを求める。映画の力を再発見させる画期的思想史。

筑摩選書
0118

〈日本的なもの〉とは何か
ジャポニスムからクール・ジャパンへ

柴崎信三

様々な作品を通して19世紀末のジャポニスムから近年のクール・ジャパンまでを辿りながら、古くて新しい問いである「日本的なもの」の生成と展開、変容を考える。

筑摩選書
0123

フロイト入門

中山　元

無意識という概念と精神分析という方法を発見して「わたし」を新たな問いに変えたフロイトは、巨大な思想的革命をもたらした。その生成と展開を解き明かす。

筑摩選書
0144

アガサ・クリスティーの大英帝国
名作ミステリと「観光」の時代

東秀紀

「ミステリの女王」アガサ・クリスティーはまた「観光の女王」でもあった。その生涯を「ミステリ」と「観光」を軸に追いながら大英帝国の二十世紀を描き出す。

筑摩選書
0148

新・風景論
哲学的考察

清水真木

なぜ「美しい風景」にスマホのレンズを向けるのか？　風景を眺めるとは何をすることなのか？　西洋精神史をたどり、本当の意味における風景の経験をひらく。

筑摩選書 0154

1968〔1〕文化

四方田犬彦 編著

1968～72年の5年間、映画、演劇、音楽、写真、舞踏、流行、図像、雑誌の領域で生じていた現象を前景化し、歴史的記憶として差し出す。写真資料満載。

筑摩選書 0155

1968〔2〕文学

四方田犬彦／福間健二 編著

三島由紀夫、鈴木いづみ、土方巽、澁澤龍彥……。文化の〈異端者〉たちが遺した詩、小説、評論などを収録。反時代的な思想と美学を深く味わうアンソロジー。

筑摩選書 0156

1968〔3〕漫画

四方田犬彦／中条省平 編著

実験的であること、前衛的であること、アンダーグラウンドであること。それが漫画の基準だった――。第3巻では、時代の〈異端者〉たちが遺した漫画群を収録。

筑摩選書 0159

流出した日本美術の至宝
なぜ国宝級の作品が海を渡ったのか

中野明

明治維新の混乱のなか起きた日本美術の海外への大量流出。外国人蒐集家と日本人の間で起きた美術品を巡る知られざるドラマを明らかにし、美術流出の是非を問う。

筑摩選書 0160

教養主義のリハビリテーション

大澤聡

知の下方修正と歴史感覚の希薄化が進む今、教養のバージョンアップには何が必要か。気鋭の批評家が鷲田清一、竹内洋、吉見俊哉の諸氏と、来るべき教養を探る！

筑摩選書 0161

終わらない「失われた20年」
嗤う日本の「ナショナリズム」・その後

北田暁大

ネトウヨ的世界観・政治が猛威をふるう現代日本。アイロニーに嵌り込む左派知識人。隘路を突破するには何が必要か？　リベラル再起動のための視角を提示する！